내일은 2024

Jade Jeong 지음

빅데이터 with 파이썬
분석기사 실기

KB131525

김앤북
KIM & BOOK

초판1쇄 인쇄 2023년 10월 23일
초판1쇄 발행 2023년 10월 30일
지은이 Jade Jeong
기획 김응태, 정다운
디자인 서제호, 서진희, 조아현
판매영업 조재훈, 김승규, 문지영

발행처 ㈜아이비김영
펴낸이 김석철
등록번호 제22-3190호
주소 (06728) 서울 서초구 서운로 32, 우진빌딩 5층
전화 (대표전화) 1661-7022
팩스 02)3456-8073

ⓒ ㈜아이비김영
이 책은 저작권법에 따라 보호받는 저작물이므로 무단복제를 금지하며,
책 내용의 전부 또는 일부를 이용하려면 반드시 저작권자의 서면동의를 받아야 합니다.

ISBN 978-89-6512-792-5 13000
정가 23,000원

잘못된 책은 바꿔드립니다.

'데이터 시대'라고 불리는 현재, 도메인 지식 기반의 데이터 분석능력을 갖춘 빅데이터 전문인력의 수요는 끊임없이 증가하고 있습니다. 데이터 분석은 어떠한 업종 및 직종에서나 활용되는 분야이고, 기술이 발전함에 따라 그 중요성은 날로 커져가고 있습니다. 자격증 취득이 해당 업무에 필수 요소는 아니나, '자격'은 새로운 시작에 있어서 자신의 관심사 및 실력의 증명이 될 수 있습니다. 해당 자격증은 데이터 분석 프로세스를 이해하고, 관련된 라이브러리와 함수들을 사용해 보는 경험을 제공할 것입니다.

빅데이터분석기사는 국가 자격시험으로 목적에 따라 분석기술과 방법론을 기반으로 데이터를 구축, 탐색, 분석하고 시각화를 수행하는 일련의 과정을 평가하는 역할을 수행합니다. 분석언어를 활용하여 다양한 라이브러리를 활용하는 실기시험은 비전공자에게는 다소 어렵게 느껴질 수 있습니다.

이 책은 colab 환경에서 다양한 예시코드를 활용하여 실제로 수행해 보며, 각 데이터 분석 단계와 함께 시험유형을 습득하도록 구성되어 있습니다. 쉽고, 친절한 설명으로 각 코드들을 안내하여 빅데이터 분석을 처음 시행하는 분들에게 도움이 되고자 합니다.

저자 Jade Jeong

GUIDE

학습자료(데이터 셋) 및 정오표 안내

> kimnbook.co.kr 〉 자료실 〉 자료 다운로드
> kimnbook.co.kr 〉 자료실 〉 도서 정오표

학습 전략

비전공자 학습 전략(3주 완성)

● **파이썬 기초(4일)**

파이썬 언어의 기본 문법과 라이브러리를 습득합니다. 주어진 코드를 직접 따라하며 라이브러리와 함수에 익숙해지도록 합니다.

● **작업형 1(4일)**

작업형 1유형에 필요한 기본 이론을 공부하고, 주요 라이브러리와 함수를 습득합니다. 반복적인 연습문제 풀이로 다양한 유형에 대비하도록 합니다.

● **작업형 2(4일)**

작업형 2유형에 필요한 데이터 모델링 기술과 절차에 익숙해질 수 있도록 하며, 주요 라이브러리와 함수를 습득합니다. 다양한 데이터 셋을 활용한 연습문제 풀이로, 전처리와 모델링에 익숙해지도록 합니다.

● **작업형 3(3일)**

작업형 3유형에 필요한 기본 이론을 공부하고, 주요 라이브러리와 함수를 습득합니다. 검증유형을 다양하게 접할 수 있는 연습문제 풀이로 시험에 대비하도록 합니다.

● **모의고사 5회(5일)**

시간을 체크하여 모의고사를 풀이하도록 합니다. 이때, 코드의 작동시간이 1분 내임을 확인할 수 있도록 합니다. 풀이가 어려운 2과목 작업형은 반복해서 학습하며 익숙해지도록 합니다.

● **정리(1일)**

취약한 유형의 주요 라이브러리를 마지막으로 학습합니다. 작업환경을 확인하고, 다양한 도움말 함수를 습득하여 시험을 대비합니다.

전공자 학습 전략(2주 완성)

● 파이썬 기초(2일)

파이썬 언어의 기본 문법을 확인하고 주요한 라이브러리의 활용법과 그 메소드에 익숙해지도록 합니다.

● 작업형 1(3일)

작업형 1유형에 필요한 기본 이론을 1회독 한 후, 그에 필요한 라이브러리와 함수에 익숙해지도록 합니다. 반복적인 연습문제 풀이로 다양한 유형에 대비하도록 합니다.

● 작업형 2(3일)

작업형 2유형에 필요한 데이터 모델링 기술과 절차를 확인하고 관련된 라이브러리와 함수를 습득합니다. 다양한 데이터 셋을 활용한 연습문제를 여러 가지 모델링 기법 및 하이퍼 파라미터 조정으로 풀어 봅니다.

● 작업형 3(2일)

작업형 3유형에 필요한 기본 이론과 주요 라이브러리, 함수를 습득합니다. 검증 유형을 다양하게 접할 수 있는 연습문제 풀이로 시험에 대비하도록 합니다.

● 모의고사(3일)

5회 제공되는 모의고사를 시간을 체크하여 풀이하도록 합니다. 이때 코드의 작동시간이 1분 내임을 확인할 수 있도록 합니다. 풀이가 어려운 2과목 작업형은 반복해서 학습하며 익숙해지도록 합니다.

● 최종 정리(1일)

취약한 유형의 주요 라이브러리를 마지막으로 학습합니다. 작업환경을 확인하고, 다양한 도움말 함수를 습득하여 시험을 대비합니다.

학습 플랜

비전공자 3주 플랜

1일차	2일차	3일차	4일차	5일차	6일차	7일차
파이썬 기초				작업형1		

8일차	9일차	10일차	11일차	12일차	13일차	14일차
작업형1	작업형2				작업형3	

15일차	16일차	17일차	18일차	19일차	20일차	21일차
작업형3	모의고사 1회	모의고사 2회	모의고사 3회	모의고사 4회	모의고사 5회	최종정리

전공자 2주 플랜

1일차	2일차	3일차	4일차	5일차	6일차	7일차
파이썬 기초		작업형1			작업형2	

8일차	9일차	10일차	11일차	12일차	13일차	14일차
작업형2	작업형3		모의고사 1회	모의고사 2~3회	모의고사 4~5회	최종정리

시험 안내

출제기준(실기)

직무분야	중직무분야	자격종목	실기검정방법	시험시간
정보통신	정보기술	빅데이터 분석기사	작업형(1, 2, 3)	180분

직무내용: 대용량의 데이터 집합으로부터 유용한 정보를 찾고 결과를 예측하기 위해 목적에 따라 분석기술과 방법론을 기반으로 정형/비정형 대용량 데이터를 구축, 탐색, 분석하고 시각화를 수행하는 업무를 수행한다.

※ 필기시험 면제기간은 필기합격자 발표일로부터 2년

(다만, 발표일부터 2년동안 검정이 2회 미만으로 시행된 경우에는 그 다음 회차 필기시험 1회를 면제)

과목별 주요 항목

실기과목명	주요 항목
빅데이터 분석실무	데이터 수집 작업
	데이터 전처리 작업
	데이터 모형 구축 작업
	데이터 모형 평가 작업

출제유형 변경

● 변경 내용 : 기존 단답형 10문제를 작업형 신규 유형인 '작업형 제3유형'으로 대체
● 변경 시기 : 제6회 빅데이터분석기사 실기시험(2023.06.24.)부터 적용

변경 전(~제5회)			변경 후(제6회~)		
유형	문제수	배점	유형	문제수	배점
작업형 제1유형	3문제	30점(각 10점)	작업형 제1유형	3문제	30점(각 10점)
작업형 제2유형	1문제	40점	작업형 제2유형	1문제	40점
단답형	10문제	30점(각 3점)	작업형 제3유형	2문제	30점(각 15점)
합계	14문제	100점	합계	6문제	100점

시험 실전 전략

1. 시험환경 체험하기

● https://www.dataq.or.kr/ 〉 고객지원 〉 공지사항 〉 빅데이터분석기사 실기 자격검정 안내 〉 응시환경 체험

● 코드는 작성된 전체만 실행 가능, 즉 라인별 실행 불가
● 출력을 원할 경우 print() 함수 활용
  예: print(a.head())

2. 주의(제약) 사항

● 코드 라인별 실행 불가
● 그래프 기능, 단축키, 자동완성 기능 불가
● 코드 실행 시간은 1분으로 제한되며, 시간 초과 시 실행 취소
● 제공된 패키지만 이용 가능

3. 유형별 가이드

(1) 작업형 1유형

● 제공 데이터를 처리한 결과값을 print 함수로 출력하며 지시된 제출 형식 준수
● 답안은 정수(integer)로 출력하며 답안 외 내용 모두 제거

(2) 작업형 2유형

● 평가용 데이터를 이용한 예측 결과를 CSV 파일로 제출하며 지시된 제출 형식 준수
● 예측 결과는 지시된 칼럼명을 사용하여 생성

● 자동 생성되는 index 칼럼 제거
● 답안 파일에는 예측 결과 칼럼 1개만 생성
● 답안 파일은 지시된 파일명을 사용하여 생성하며 별도 디렉토리 지정 금지

(3) 작업형 3유형

● 코딩 화면에서 문제를 풀이한 후에 별도 답안 화면으로 이동하여 각 문항의 답안을 제출
● 답안 제출 시에는 지시된 제출 형식 준수

4. 시험 대비 치트키

● help() 함수
  – 모듈의 함수, 또는 메서드에 대한 도움말과 사용법 조회가 가능하다.
  – PACKAGE CONTENTS와 Examples을 활용해서 코드 작성에 도움을 받을 수 있다.
  – 활용 방법

 따라하기

```
import sklearn
print(help(sklearn)) #출력을 원할 경우 print() 함수 활용
```

실행 결과

```
PACKAGE CONTENTS
    __check_build (package)
    _build_utils (package)
    _config
    _distributor_init
    #중략
    svm (package)
    tests (package)
    tree (package)
    utils (package)


    Examples
    --------
    >>> import sklearn
```

GUIDE

```
>>> from sklearn.utils.validation import assert_all_finite
>>> with sklearn.config_context(assume_finite=True):
...     assert_all_finite([float('nan')])
>>> with sklearn.config_context(assume_finite=True):
...     with sklearn.config_context(assume_finite=False):
...         assert_all_finite([float('nan')])
Traceback (most recent call last):
...
ValueError: Input contains NaN, ...
#생략
```

● dir(): 각 패키지가 가지고 있는 속성 리스트를 확인할 수 있다.
● print(sklearn.__all__): 싸이킷런의 경우 해당 코드로 확인할 수 있다.

 따라하기

```
import pandas as pd
print(dir(pd))
```

실행 결과

```
['BooleanDtype', 'Categorical', 'CategoricalDtype', 'CategoricalIndex',
'DataFrame', 'DateOffset', 'DatetimeIndex', 'DatetimeTZDtype', 'ExcelFile',
'ExcelWriter', 'Flags', 'Float32Dtype', 'Float64Dtype', 'Float64Index',
'Grouper', 'HDFStore', 'Index', 'IndexSlice', 'Int16Dtype', 'Int32Dtype',
'Int64Dtype', 'Int64Index', 'Int8Dtype', 'Interval', 'IntervalDtype',
'IntervalIndex', 'MultiIndex', 'NA', 'NaT', 'NamedAgg', 'Period',
'PeriodDtype', 'PeriodIndex', 'RangeIndex', 'Series', 'SparseDtype',
'StringDtype', 'Timedelta', 'TimedeltaIndex', 'Timestamp', 'UInt16Dtype',
'UInt32Dtype', # 이하 생략]
```

5. 패키지 안내(패키지 리스트)

패키지명	패키지명
asn1crypto	pygobject
beautifulsoup4	pyparsing
certifi	python-apt
chardet	python-dateutil
cryptography	pytz
cycler	pyxdg
cython	requests
distlib	scikit-learn
idna	scipy
joblib	secretstorage
keyring	selenium
keyrings.alt	setuptools
kiwisolver	six
lightgbm	soupsieve
matplotlib	ssh-import-id
numpy	threadpoolctl
pandas	unattended-upgrades
pillow	urllib3
pip	wheel
pycrypto	xgboost

도서 구성

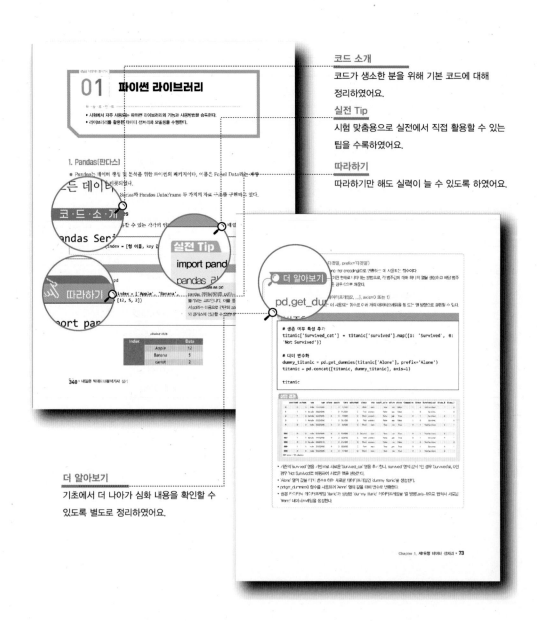

코드 소개

코드가 생소한 분을 위해 기본 코드에 대해
정리하였어요.

실전 Tip

시험 맞춤용으로 실전에서 직접 활용할 수 있는
팁을 수록하였어요.

따라하기

따라하기만 해도 실력이 늘 수 있도록 하였어요.

더 알아보기

기초에서 더 나아가 심화 내용을 확인할 수
있도록 별도로 정리하였어요.

더 멋진 내일(Tomorrow)을 위한 내일(My Career)
내 일 은 빅 데 이 터 분 석 기 사 실 기

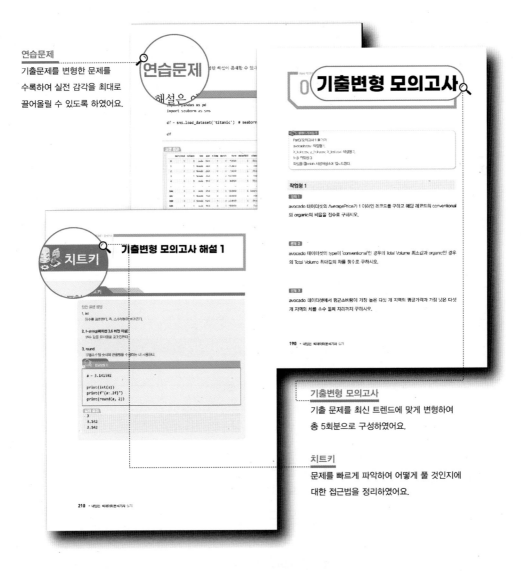

연습문제
기출문제를 변형한 문제를
수록하여 실전 감각을 최대로
끌어올릴 수 있도록 하였어요.

기출변형 모의고사
기출 문제를 최신 트렌드에 맞게 변형하여
총 5회분으로 구성하였어요.

치트키
문제를 빠르게 파악하여 어떻게 풀 것인지에
대한 접근법을 정리하였어요.

CONTENTS

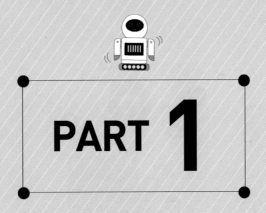

PART 1

파이썬 입문

더 멋진 내일(Tomorrow)을 위한 내일(My Career)

내 일 은 빅 데 이 터 분 석 기 사 실 기

CHAPTER

01

파이썬 기초

01 분석환경 구축

학·습·포·인·트 --

• 실습을 수행할 환경을 설정하고 코랩의 기본 기능을 습득한다.

1. 구글 colab

구글에서 제공하는 Jupyter Notebook으로 브라우저에서 Python을 작성 및 실행할 수 있다.

(1) 구글 colab 접속하기(https://colab.google)

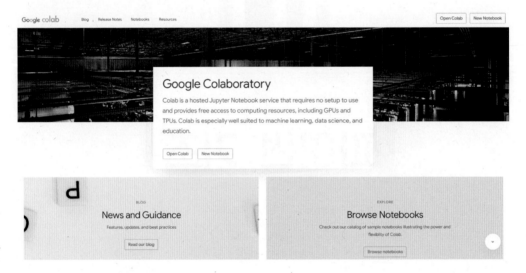

(2) Notebook 생성하기

● New Notebook: Colaboratory 클라우드 환경에서 작동하는 Jupyter 노트북(.ipynb 파일)

● 노트북 파일은 파이썬 코드를 작은 셀(cell) 단위로 실행할 수 있어 손쉽게 코드를 작성하게
  도와준다.

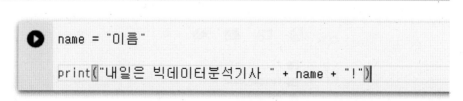

2. colab 활용 방법

(1) 셀 추가

● 코드 추가: 좌측 상단 '+ 코드'를 클릭하면 코드를 입력할 수 있는 셀이 추가된다.

● 텍스트 추가: 좌측 상단 '+ 텍스트'를 클릭하면 텍스트를 입력할 수 있는 셀이 추가된다.

● 아래의 셀은 "내일은 빅데이터 분석기사 이름!"을 출력하는 파이썬 셀이다.

```
name = "이름"

print("내일은 빅데이터분석기사 " + name + "!")
```

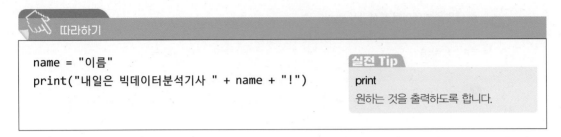

```
name = "이름"
print("내일은 빅데이터분석기사 " + name + "!")
```

> **실전 Tip**
> print
> 원하는 것을 출력하도록 합니다.

● 아래의 코드에서 name의 "" 안에 본인의 이름을 넣어 출력한다.

● 왼쪽의 실행버튼 ▶ 또는 Shift + Enter↵

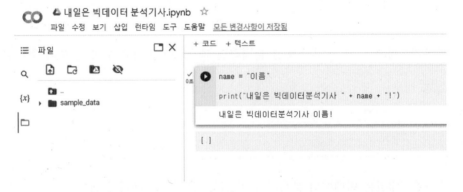

(2) 자료 추가

● 좌측 폴더 모양 클릭

● ↑ 버튼 클릭 또는 원하는 데이터 셋을 드래그 앤 드롭 하여 업로드할 수 있다.

– titanic.csv가 업로드된 것을 확인할 수 있다.

● 자료 불러오기

```
import pandas as pd
titanic = pd.read_csv('titanic.csv')
```

실전 Tip

CSV

CSV 파일은 쉼표로 구분된 텍스트 파일로, 데이터를 표 형식으로 저장하는 데 사용됩니다.

- 'import pandas as pd'는 pandas 라이브러리를 pd라는 약칭으로 불러온다.

- 'pd.read_csv('titanic.csv')'는 'titanic.csv' 파일을 pandas DataFrame 형식으로 불러온다.

3. colab 단축키

(1) 셀 삽입/삭제 단축키

Ctrl + M + A	코드 셀 위에 삽입
Ctrl + M + B	코드 셀 아래 삽입
Ctrl + M + D	셀 지우기
Ctrl + M + Z	실행 취소

(2) 실행 단축키

Shift + Enter	해당 셀을 실행 후 커서를 다음 셀로 넘기기
Ctrl + Enter	해당 셀을 실행 후 커서를 해당 셀에 두기
Alt + Enter	해당 셀을 실행 후 다음 셀을 삽입하고 커서를 삽입한 셀로 넘기기

02 파이썬 기초

학 · 습 · 포 · 인 · 트 --

- 분석도구인 파이썬의 구조와 형태에 대해 학습한다.
- 파이썬의 다양한 라이브러리를 이해하고 활용하는 실습을 수행한다.

1. 파이썬 기초

(1) 변수

① 변수(Variables)

- 원하는 데이터를 담는 상자이며, 데이터를 저장하는 가장 작은 단위이다.
- '=' 부호를 사용하여 왼쪽의 변수에 오른쪽의 데이터를 저장한다.

따라하기

```
cup = 'coffee'
```

- 왼쪽의 변수 'cup'에 오른쪽의 데이터인 'coffee'를 저장한다.

따라하기

```
Favorite = 'Data'

print(Favorite)
```

실행 결과

```
Data
```

Favorite **=** *Data*

변수명   할당   값

② 변수의 활용

● integer, float, string, bool 형태를 저장한다.

integer (int)	• 정수형 • 예: 10, −50, 29
float	• 실수/ 부동소수 • 예: 3.14, 29.9
string (str)	• 문자열 • 예: "빅데이터", "class"
boolean (bool)	• 논리형 • 예: True, Flase

따라하기

```
# 변수 할당
A = 2024
B = 20.24
C = "내일은 빅데이터 분석기사"
D = True

# 형태 출력
print(type(A))
print(type(B))
print(type(C))
print(type(D))
```

```
<class 'int'>
<class 'float'>
<class 'str'>
<class 'bool'>
```

각 변수(A, B, C, D)에 할당된 값의 형태를 확인할 수 있다.

(2) 기초 연산자

① 논리 연산자(Logical operator)

연산자	의미
and	두 개의 조건이 모두 참일 때 결과가 참
or	두 개의 조건 중 하나라도 참이면 결과가 참
not	• 주어진 조건을 부정 • 참이면 거짓, 거짓이면 참

② 비교 연산자(Comparison operator)

연산자	의미
>	왼쪽 값이 오른쪽 값보다 큰지 여부
<	왼쪽 값이 오른쪽 값보다 작은지 여부
==	왼쪽 값이 오른쪽 값과 같은지 여부
!=	왼쪽 값이 오른쪽 값과 다른지 여부
>=	왼쪽 값이 오른쪽 값보다 크거나 같은지 여부
<=	왼쪽 값이 오른쪽 값보다 작거나 같은지 여부

(3) 메서드(Methods)

● 메서드는 객체에 속한 함수로, 특정 작업을 수행하거나 동작을 실행하는 역할을 한다.

● 특정 객체에 종속되어 호출되기 때문에 메소드를 호출 시 특정 객체를 우선해서 호출해야 한다.

따라하기

```
# 리스트 객체의 append() 메서드 사용
numbers = [1, 2, 3]
numbers.append(4)  # 현재 numbers 리스트는 [1, 2, 3, 4]이다.
```

– append()는 리스트 객체의 메서드로 값을 추가하는 기능을 한다.

2. 자료형

(1) 숫자형(Numeric Data types)

integer(int)	• 정수형 데이터 • 예: -2, -1 ,0, 1, 2, 3 등
floating point(float)	• 부동소수점을 표기하기 위해 쓰는 변수 타입 • 예: 3.14, 30.2, 407.1154 등

① type() 함수

● 변수에 할당된 데이터의 형태를 파악할 때 사용한다.

● 정수형(integer), 실수형(float), 문자형(string), 논리형(bool), 리스트(list), 튜플(tuple), 딕셔너리(dict), 집합(set) 등의 데이터 타입 등을 확인할 수 있다.

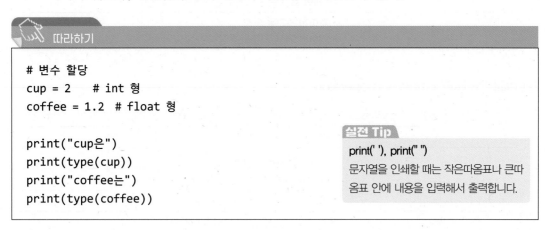

따라하기

```
# 변수 할당
cup = 2    # int 형
coffee = 1.2  # float 형

print("cup은")
print(type(cup))
print("coffee는")
print(type(coffee))
```

실전 Tip

print(' '), print(" ")
문자열을 인쇄할 때는 작은따옴표나 큰따옴표 안에 내용을 입력해서 출력합니다.

실행 결과

```
cup은
<class 'int'>
coffee는
<class 'float'>
```

– 변수 cup과 coffee에 각각 2(integer), 1.2(float) 값을 할당한 후 type() 함수로 그 형태를 확인할 수 있다.

② 사칙연산

● int, float 객체는 다양한 숫자 연산을 지원한다.

연산자	기능
+	더하기
−	빼기
*	곱하기
/	나누기
//	몫
%	나머지
**	제곱

```
# 더하기
a = 20+7

# 빼기
b = 5-3

# 곱하기
c = a*b

# 나누기
d = 9/5

# 몫
e = 9//5

# 나머지
f = 9%5

# 제곱
g = 2**5

print(a)
print(b)
print(c)
print(d)
print(e)
print(f)
print(g)
```

```
27
2
54
1.8
1
4
32
```

- 각 변수(a, b, c, d, e, f, g)에 연산자를 사용하여 값을 할당하였다.

- c = a * b처럼 숫자뿐만 아니라 각 숫자형 변수도 그 자체로 연산이 가능하다.

(2) 문자형(String Data types)

● 텍스트 형태의 데이터

● 작은 따옴표(' ') 또는 큰 따옴표(" ")로 묶을 수 있으며 결과는 동일하다.

따라하기

```
'Bigdata' # 문자열 출력
```

```
'Bigdata'
```

따라하기

```
print('Bigdata')
```

```
Bigdata
```

● print()의 유무와 관계없이 문자형 데이터를 출력 가능하다. print()를 사용하면 따옴표를 생략한 문자열이 출력된다.

● \n: 줄을 바꾸고 싶다면 문자열 뒤에 추가한다.

실전 Tip

print() 함수

print() 함수에서 작은 따옴표(' ') 또는 큰 따옴표(" ")를 사용 시 문자형으로 인식합니다. 즉, 변수를 출력 시 print() 함수에서 따옴표를 생략해야 합니다.

```
a = 'First\nSecond'
print(a)
```

```
First
Second
```

① len() 함수

- 문자열의 길이를 반환한다.

```
b = 'Hippopotomonstrosesquippedaliophobia' # 긴단어공포증
print(len(b))
```

```
36
```

- 'Hippopotomonstrosesquippedaliophobia'라는 문자형 값이 할당된 변수 b는 문자
  열의 길이가 36임을 확인할 수 있다.

② 연산

- '+' 연산자

```
a = 'big' + 'data'
b = 'big''data'

print(a)
print(b)
```

```
bigdata
bigdata
```

- 문자열끼리 붙이려면 '+' 연산자를 활용하거나, 연속해서 작성한다.

```
a = 'big'
b = 'data'
print(a + 'data')
print(a+b)
```

실행 결과

```
bigdata
bigdata
```

- 변수와 문자열, 변수와 변수를 붙이려면 '+' 연산자를 활용한다.

● '*' 연산자

```
a = 'big'
b = 'data'

print(7* a+b)
```

실행 결과

```
bigbigbigbigbigbigbigdata
```

- 문자열 데이터에 '*' 연산자로 숫자를 곱하면 해당 수만큼 반복한다.

- 변수 a에 7을 곱하여 7번 반복한다. 해당 값에 '+' 연산자로 변수 b를 더하여 원하는 문자열 값을 반환한다.

- 수학에서 동일하게 덧셈 뺄셈보다 곱셉 나눗셈 순서의 우선순위로 연산한다.

③ 인덱싱(indexing)과 슬라이싱(slicing)

● 문자열은 인덱스 될 수 있으며, 첫 번째 문자가 인덱스 0에 대응된다.

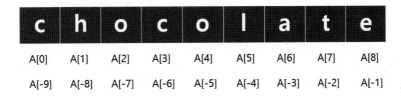

A = "chocolate"

A[0:4] = choco
A[-1:-4] = late

c	h	o	c	o	l	a	t	e
A[0]	A[1]	A[2]	A[3]	A[4]	A[5]	A[6]	A[7]	A[8]
A[-9]	A[-8]	A[-7]	A[-6]	A[-5]	A[-4]	A[-3]	A[-2]	A[-1]

따라하기

```
word = 'chocolate'
word[0]
```

실행 결과

```
'c'
```

　– 첫번째 문자가 인덱스에서 0에 해당하므로 chocolate의 첫 번째 문자인 c가 반환된다.

따라하기

```
word[7]
```

실행 결과

```
't'
```

　– chocolate의 여덟 번째 문자인 t가 반환된다.

● 음수의 인덱스의 경우 끝에서부터 [−1]로 대응된다.

따라하기

```
word[-1]
```

실행 결과

```
'e'
```

　– 마지막 문자가 인덱스에서 −1에 해당하므로 chocolate의 마지막 문자인 e가 반환된다.

● 슬라이싱은 연속적인 객체들에(리스트, 문자열 등) 범위를 지정하여 일부의 객체들을 가져오는 방법이다.

● **변수[시작위치:끝위치]**

 따라하기

```
word[0:5]  # 0부터 4까지 출력
```

실행 결과
```
'choco'
```

 따라하기

```
word[4:7] # 4부터 6까지 출력
```

실행 결과
```
'ola'
```

- word[0:5]: word에 할당된 chocolate의 첫 번째(word[0])부터 네 번째 값인 choco가 출력된다.
- word[4:7]: word에 할당된 chocolate의 다섯 번째(word[4])부터 여섯 번째 값인 ola가 출력된다.

● [:]의 형태에서 첫 번째 인덱스를 생략하면 기본값 0이 사용된다.

 따라하기

```
word[:3]
```

실행 결과
```
cho
```

- word[:3]은 word[0:3]과 동일한 값을 반환한다.

● [:]의 형태에서 두 번째 인덱스가 생략되면 기본값으로 슬라이싱 되는 문자열의 길이가 사용된다.

```
word[3:]
```

```
'colate'
```

- word[3:]은 word[3:9] 또는 word[3:len(word)]와 동일한 값을 반환한다.

④ 추가 기능

코드 소개	기능
capitalize()	문자열을 모두 대문자로 바꿔 준다.
endswith()	특정 문자로 끝나는지 불리언 타입으로 알려 준다.
join()	문자열을 덧붙일 수 있다.
replace()	특정 문자열을 다른 내용으로 바꿔 준다.
split()	문자열을 한 글자씩 나눈다.

3. 자료구조

(1) 리스트(List)

● 대괄호 사이에 쉼표로 구분되어 값을 나열한다. 입력값의 생성, 수정, 삭제가 가능하다.

● 대괄호[]를 통해서 생성하며, list 클래스를 통해서도 생성할 수 있다.

● List_name(변수) = [a,b,c,d]

```
# 피자 재료 리스트화
pizza = ['mozzarella', 'mushroom', 'sausage', 'olive', 'bread']

print(pizza)
```

```
['mozzarella', 'mushroom', 'sausage', 'olive', 'bread']
```

- pizza 변수에 'mozzarella', 'mushroom', 'sausage', 'olive', 'bread'의 값을 담을 수 있다.

● 숫자형 변수

```
# 숫자형 변수
dice = ['1','2','3','4','5','6']

print(dice)
```

실행 결과

```
['1', '2', '3', '4', '5', '6']
```

– 문자형 변수뿐만 아니라 숫자형 변수 또한 리스트화할 수 있다.

● 리스트 내 리스트

```
# 숫자형 변수
dice_pizza = ['1','2','3','4','5','6',pizza]

print(dice_pizza)
```

실행 결과

```
['1', '2', '3', '4', '5', '6', ['mozzarella', 'mushroom', 'sausage',
'olive', 'bread']]
```

– 리스트 내에는 또 다른 리스트를 추가할 수 있다.

– dice_pizza 변수에 ['1','2','3','4','5','6'] 값과 변수 pizza를 할당하여 리스트 내 리스트 형
태를 출력하였다.

① 인덱싱(indexing)과 슬라이싱(slicing)

● 리스트는 인덱스 될 수 있으며, 첫 번째 요소가 인덱스 0에 대응된다.

● num = [0,1,2,3,4,5]라는 list가 있을 때, num[0]은 num 리스트의 첫 번째 요소, num[1]
은 두 번째 요소이다.

```
# 인덱싱
pizza[0]
```

실행 결과

```
'mozzarella'
```

    – 변수 pizza는 ['mozzarella', 'mushroom', 'sausage', 'olive', 'bread']의 값을 가지고, [0]은 pizza리스트의 첫 번째 요소인 'mozzarella'를 반환한다.

 따라하기

```
# 슬라이싱
pizza[2:4]
```

실행 결과

```
['sausage', 'olive']
```

    – 변수 pizza는 ['mozzarella', 'mushroom', 'sausage', 'olive', 'bread']의 값을 가지고, [2:4]는 세 번째부터 네번째의 값인 ['sausage', 'olive']를 반환한다.

 따라하기

```
pizza[:4]
```

실행 결과

```
['mozzarella', 'mushroom', 'sausage', 'olive']
```

    – pizza[:4]는 pizza[0:4]와 동일한 값을 반환한다.

 따라하기

```
pizza[:]
```

실행 결과

```
['mozzarella', 'mushroom', 'sausage', 'olive', 'bread']
```

－ 리스트[:]는 요청한 항목들을 포함하는 새 리스트를 돌려준다.

② .append()

● 리스트에 다른 값을 추가하는 함수

● list명.append()

 따라하기

```
# pizza변수에 potato 추가

pizza.append('potato')
print(pizza)
```

실행 결과

```
['mozzarella', 'mushroom', 'sausage', 'olive', 'bread', 'potato']
```

－ 변수 pizza에 potato라는 데이터를 append()를 통하여 추가하였다.

③ 중첩

● 다른 리스트를 포함하는 리스트를 만들 수 있다.

 따라하기

```
a = ['a', 'b', 'c']
b = [1, 2, 3]
c = [a, b]

print(c)
```

－ 변수 c는 각각 리스트를 가진 변수 a와 b를 리스트화하였다. 이를 출력하면 a의 리스트
와 b의 리스트가 리스트화되어 반환된다.

④ Range

● 리스트에 연속적인 숫자 목록을 만들고 싶을 경우 사용한다.

● 0부터 시작하여 입력받은 숫자 직전까지의 숫자를 생성한다.

● list(range(숫자))

따라하기

```
# range 생성
numbers = list(range(5))
print(numbers)
```

실행 결과

```
[0, 1, 2, 3, 4]
```

(2) 딕셔너리(dictionary)

- Key와 Value를 한 쌍으로 갖는 자료형이다.

- 문자열과 숫자들은 키가 중복되지 않는다는 제약 조건 하에서 항상 키가 될 수 있다.

- 중괄호를 이용해서 생성하며, 키워드와 그 키워드에 매칭되는 값을 콜론(:)을 이용해서 연결한다.

Key	Value
a	내일은
b	빅데이터
c	분석기사

따라하기

```
tomorrow= { 'a': '내일은', 'b':'빅데이터', 'c': '분석기사'}

print(tomorrow)
```

실행 결과

```
{'a': '내일은', 'b': '빅데이터', 'c': '분석기사'}
```

- key 'a'는 value '내일은', key 'b'는 value '빅데이터', key 'c'는 value '분석기사'와 같이 각각 쌍을 이루는 것을 확인할 수 있다.

① .keys(): Key 값만 모아서 dict_keys를 만든다.

 따라하기

```
tomorrow.keys()
```

실행 결과

```
dict_keys(['a', 'b', 'c'])
```

② list(): 딕셔너리에서 사용되고 있는 모든 키의 리스트를 삽입 순서대로 돌려준다.

 따라하기

```
list(tomorrow)
```

실행 결과

```
['a', 'b', 'c']
```

③ .values(): Value 값만 모아서 dict_values를 만든다.

 따라하기

```
tomorrow.values()
```

실행 결과

```
dict_values(['내일은', '빅데이터', '분석기사'])
```

④ .items(): Key와 Value의 쌍을 묶은 형태로 반환한다.

 따라하기

```
tomorrow.items()
```

실행 결과

```
dict_items([('a', '내일은'), ('b', '빅데이터'), ('c', '분석기사')])
```

⑤ in 키워드

- in과 not in은 집합형 내에 주어진 값이 있는지 검사한다.

- **x in s**: x가 s 변수 내에 있을 때 True 반환, 그렇지 않을 때 False 반환

따라하기

```
'a' in tomorrow
```

실행 결과
```
True
```

- **x not in s**: x가 s의 변수 내에 있을 때 False 반환, 그렇지 않을 때 True 반환

따라하기

```
'b' not in tomorrow
```

실행 결과
```
False
```

4. 제어문

(1) if문

- 조건문을 테스트하여 참이면 해당 동작을 시행하고, 거짓이면 else 이후의 동작들을 수행한다.
- if 조건문 뒤 수행동작 문장은 들여쓰기 해야 한다.
- if 〈조건〉:

  〈조건이 참일 경우 동작〉

  〈조건이 참일 경우 동작〉

  else 〈조건〉:

  〈조건이 참일 경우 동작〉

  〈조건이 참일 경우 동작〉

```
# 짝수와 홀수

number = 6

if number % 2 == 0:
    print("짝수입니다.")
else:
    print("홀수입니다.")
```

실행 결과

짝수입니다.

- ⟨number % 2 == 0⟩이 조건문으로 삽입되어 짝수이면 "짝수입니다."를 만약 그렇지 않으면 "홀수입니다."를 반환한다.

(2) for문

● for문은 각 시퀀스 값에 따라 반복하는 명령문이다. 정확한 횟수를 기반으로 반복을 얼마나 할지로 구성된다.

코·드·소·개

```
for <임시변수> in <list 변수> :
    <취할 동작>
```

 따라하기

```
numbers = [1, 2, 3, 4, 5]

for number in numbers:
    print(number)
```

```
1
2
3
4
5
```

　　– numbers 리스트 안의 숫자들을 반복하면서 각 숫자를 출력한다. for 루프는 리스트에 있
　　　는 각 항목을 순서대로 가져와서 number 변수에 할당하고, 그 값을 출력한다.

(3) while문

● while문은 다음 조건이 참인 동안 계속 while 안의 블럭을 실행한다.

따라하기

```
count = 1

while count <= 5:
    print(count)
    count += 1
```

실행 결과

```
1
2
3
4
5
```

　　– count 변수를 1로 초기화하고, count가 5 이하일 동안에는 반복하면서 count를 출력하
　　　고 1씩 증가한다. 이를 통해 1부터 5까지의 숫자가 출력되며 while 루프는 조건이 만족되
　　　는 동안 계속해서 반복한다.

```
total = 0
number = 1

while number <= 10:
    total += number
    number += 1

print("1부터 10까지의 숫자의 합:", total)
```

1부터 10까지의 숫자의 합: 55

- total 변수를 0으로 초기화하고, number 변수를 1로 초기화한다. number가 10 이하일 동안에는 반복하면서 total에 number를 더하고 number를 1씩 증가시킨다. 이를 통해 1부터 10까지 숫자의 합을 계산하여 출력한다.

5. 함수

(1) 함수 def

● 반복항목을 함수로 정의하여 간단하게 수행한다.

```
def 함수이름(매개변수):
        수행항목
        수행항목
```

```
magic1="비비디"
magic2="바비디"
magic3="부"

def magic() :
  print(magic1)
```

```
    print(magic2)
    print(magic3)

  magic()
```

실행 결과

```
비비디
바비디
부
```

(2) 인수(argument)와 매개변수(parameter)

인수 (argument)	값, 변수 등 전달되는 값
매개변수 (parameter)	• 함수에 입력으로 전달된 값을 받는 변수 • def function_name(parameter):

따라하기

```
magic1="비비디"
magic2="바비디"
magic3="부"

def magic(object) :
  print(magic1)
  print(magic2)
  print(magic3)
  print(object + "변신!\n")


magic("옷")
magic("마차")
magic("신발")
```

비비디
바비디
부
옷변신!

비비디
바비디
부
마차변신!

비비디
바비디
부
신발변신!

위 magic 함수에서 object는 매개변수(parameter)이고, 인수는 "옷", "마차", "신발"이다.

(3) return

● 함수 내에서 결과 값을 지정하고, 해당 값을 호출된 부분으로 반환한다. 반환된 값은 함수를 호출한 곳에서 변수에 할당하거나 다른 연산에 사용할 수 있다.

● return이 실행되면 함수는 해당 구문에서 종료된다.

따라하기

```
def add_numbers(a, b):
    return a + b

result = add_numbers(2, 7)
print(result)
```

9

– 함수가 실행된 후 a와 b를 더한 값을 반환한다. 반환된 값을 변수 result에 할당하고, print(result)를 통해 결과를 출력한다.

02

파이썬 라이브러리

01 Pandas(판다스)

- pandas Series와 Pandas DataFrame 두 가지의 자료 구조를 생성하고 분석할 수 있다.
- 활용 가능한 함수와 주요 인자를 습득한다.

- Pandas는 데이터 생성 및 분석을 위한 파이썬의 패키지이다. 이름은 Panel Data라는 계량 경제학 용어에서 비롯되었다.

- 파이썬에서는 Pandas Series와 Pandas DataFrame 두 가지의 자료 구조를 구현하고 있다.

1. 시리즈 Pandas Series

- 모든 데이터 유형을 보유할 수 있는 각각의 인덱스 값을 갖는 1차원 데이터 배열이다.

코 · 드 · 소 · 개

```
pandas Series(index = [key 값], data = [value])
```

 따라하기

```
import pandas as pd

market = pd.Series(index = ['Apple', 'Banana',
'Carrot',], data = [12, 5, 2])
market
```

실전 Tip

import pandas as pd
pandas 라이브러리를 pd라는 별칭으로 불러오는 코드입니다. 이를 통해 코드에서 pd라는 이름으로 간단히 pandas 함수와 클래스에 접근할 수 있습니다.

pd.Series([12,5,2])

Index	Data	
	Apple	12
	Banana	5
	carrot	2

```
Apple      12
Banana      5
Carrot      2
dtype: int64
```

- index에 Apple', 'Banana', 'Carrot'이라는 키 값을 할당하고, data에 각 개수를 할당하여 판다스 시리즈를 생성한다.

```
import pandas as pd  # pandas 패키지를 파이썬으로 불러오기

# 하와이안 피자가 아닌 피자 만들기
pizza = pd.Series(index = ['bread', 'olive', 'shrimp', 'sausage','pineapple'],
data = [1, 8, 6, 12, 'No'])

# Pandas Series
pizza
```

```
bread         1
olive         8
shrimp        6
sausage      12
pineapple    No
dtype: object
```

- 'bread', 'olive', 'shrimp', 'sausage', 'pineapple'을 인덱스로 가지는 시리즈를 생성하고, data는 값을 나타내며 해당 코드에서는 해당 재료의 수량 또는 구매 여부를 나타내는 값을 리스트로 전달한다.

(1) 데이터 탐색

● 시리즈명.index: pizza 시리즈의 인덱스를 반환한다.

```
pizza.index
```

```
Index(['bread', 'olive', 'shrimp', 'sausage', 'pineapple'], dtype='object')
```

● **시리즈명[인덱스명]**: 해당 인덱스의 value 값을 반환한다.

 따라하기

```
# 필요한 새우의 개수
print(pizza['shrimp'])
```

```
6
```

 따라하기

```
print(pizza[['olive','sausage']])
```

```
olive      8
sausage   12
dtype: object
```

– 복수의 인덱스 또한 같은 방법으로 value 값을 반환할 수 있다.

● **시리즈명.loc**: 레이블명 또는 별명으로 정의된 인덱스를 바탕으로 접근한다.

 따라하기

```
print(pizza.loc[['olive','sausage']])
```

```
olive      8
sausage   12
dtype: object
```

– print(pizza[['olive','sausage']])와 같은 결과를 반환한다.

● **시리즈명.iloc**: 정수형 인덱스를 바탕으로 접근한다.

```
# 필요한 새우와 소세지의 수
print(pizza.iloc[[2,3]])
```

실행 결과

```
shrimp    6
sausage   12
dtype: object
```

- pizza 시리즈는 세 번째와 두 번째 인덱스의 쌍을 반환한다.

- print(pizza[['shrimp','sausage']])와 같은 결과를 반환한다.

(2) 데이터 수정

● Series 안의 원소를 변경한다.

따라하기

```
# 해당 인덱스에 value를 덮어 씌워 준다.
pizza['shrimp'] = 12

pizza
```

실행 결과

```
bread       1
olive       8
shrimp      12
sausage     12
pineapple   No
dtype: object
```

- 기존 pizza 시리즈의 shrimp 인덱스의 값은 6이었으나 pizza['shrimp'] = 12로 값을 새
  로 할당하여 그 결과가 12로 변한 것을 확인할 수 있다.

(3) 데이터 삭제

● Series.drop(label, inplace = True): 특정 레이블을 제거한다.

```
pizza.drop('pineapple', inplace = True)

pizza
```

```
bread      1
olive      8
shrimp     12
sausage    12
dtype: object
```

- 기존 pizza 시리즈의 pineapple 인덱스의 값은 no였으나 pineapple를 해당 시리즈에서 삭제하였다.

- inplace = True 파라미터는 원본 시리즈를 수정하도록 지시한다.

2. Data Frame 데이터 프레임

● 데이터를 표의 형태로 처리하는 구조로, 열(columns), 인덱스(index), 값(values)으로 구성된다.

● 숫자, 문자 상관없이 다양한 형식의 데이터를 담을 수 있다.

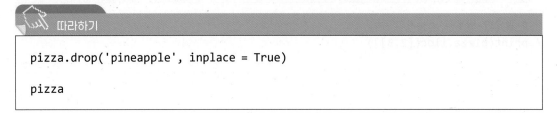

	snack
0	10
1	8
2	4
3	9

Series

+

	bread
0	3
1	2
2	4
3	1

Series

=

	snack	bread
0	10	3
1	8	2
2	4	4
3	9	1

Data Frame

```
# pandas 패키지 불러오기
import pandas as pd

# 데이터를 딕셔너리로 정의
data = {
    '이름': ['Alice', 'Bob', 'Charlie', 'David'],
```

```
    '나이': [25, 30, 22, 28],
    '국적': ['미국', '영국', '영국', '미국']}
df = pd.DataFrame(data, index=['학생1', '학생2', '학생3', '학생4'])

df
```

	이름	나이	국적
학생1	Alice	25	미국
학생2	Bob	30	영국
학생3	Charlie	22	영국
학생4	David	28	미국

- pandas의 DataFrame 생성자를 사용해 딕셔너리 형태로 정의된 데이터로부터 데이터프레임 'df'를 생성한다.

- index 파라미터를 통해 행 인덱스['학생1', '학생2', '학생3', '학생4']로 지정하였다.

- df 데이터프레임은 '이름', '나이', '국적' 열로 구성되며, 행 인덱스는 '학생1', '학생2', '학생3', '학생4'로 구성된다.

(1) 데이터 프레임 확인

● Value 기준으로 탐색

● 데이터프레임명.values

따라하기

```
# Value
df.values
```

```
array([['Alice', 25, '미국'],
       ['Bob', 30, '영국'],
       ['Charlie', 22, '영국'],
       ['David', 28, '미국']], dtype=object)
```

- 데이터프레임 df의 모든 값들이 2차원 배열로 반환된다.

(2) Column 기준으로 탐색

● 데이터프레임명.columns

 따라하기

```
df.columns
```

실행 결과

```
Index(['이름', '나이', '국적'], dtype='object')
```

- 데이터프레임 df의 열 이름들이 나열된 인덱스 객체가 반환된다.

 따라하기

```
name = pd.DataFrame(df, columns = ['이름'])
print(name)
```

실행 결과

```
         이름
0      Alice
1        Bob
2    Charlie
3      David
```

- '이름'이라는 열만 가진 데이터프레임 name을 생성한다.

 따라하기

```
who = df[['이름','나이']]
print(who)
```

실행 결과

```
         이름   나이
0      Alice   25
1        Bob   30
2    Charlie   22
3      David   28
```

- 보다 간단하게 데이터프레임을 생성하는 코드로 '이름'과 '나이'라는 열만 가진 데이터프레임 who를 생성한다.

(3) index를 기준으로 탐색

● 데이터프레임명.index

 따라하기

```
df.index
```

실행 결과

```
Index(['학생1', '학생2', '학생3', '학생4'], dtype='object')
```

– 데이터프레임 df의 인덱스명이 나열된 행 인덱스 객체가 반환된다.

 따라하기

```
Alice = pd.DataFrame(df, index = ['학생1'])
print(Alice)
```

실행 결과

```
        이름   나이   국적
학생1  Alice   25    미국
```

– '학생1'이라는 인덱스만 가진 데이터프레임 Alice를 생성한다.

 따라하기

```
students = df.iloc[2]
print(students)
```

실행 결과

```
이름      Charlie
나이          22
국적          영국
Name: 학생3, dtype: object
```

– 정수형으로 접근하는 방법으로 인덱스 2, 즉 세번째 행을 선택하여 시리즈 형태로 반환하고 이를 students에 할당한다.

(4) 데이터 프레임 수정

● 데이터프레임은 수정 가능한(mutable) 객체로 내용을 변경하거나 열을 추가 또는 삭제할 수 있다.

● 열 추가

따라하기

```
# 취미 정보 추가
hobbies = ['등산', '음악', '독서', '영화감상']
df['취미'] = hobbies

print(df)
```

실행 결과

	이름	나이	국적	취미
학생1	Alice	25	미국	등산
학생2	Bob	30	영국	음악
학생3	Charlie	22	영국	독서
학생4	David	28	미국	영화감상

- 'hobbies'는 학생들의 취미가 담긴 리스트이다. 이를 df['취미'] = hobbies를 통해 df에 '취미'라는 열을 추가하고 그 값을 'hobbies'의 리스트 값으로 설정한다.
- 데이터프레임의 행 수와 리스트의 길이가 일치해야 한다.

● 행 추가

따라하기

```
# 기존 데이터프레임 재설정(취미 생성 전)
df = pd.DataFrame(data, index=['학생1', '학생2', '학생3', '학생4'])

# 'Elsa' 추가
new_student = {'이름': 'Elsa', '나이': 24, '국적': '프랑스'}

df.loc['학생5'] = new_student
print(df)
```

	이름	나이	국적
학생1	Alice	25	미국
학생2	Bob	30	영국
학생3	Charlie	22	영국
학생4	David	28	미국
학생5	Elsa	24	프랑스

- 'new_student'는 새로운 학생인 Elsa의 데이터가 딕셔너리 형태로 담겨 있다. 이를 df.loc['학생5'] = new_student를 통해 df에 '학생5'라는 인덱스를 추가하고 그 값을 'new_student'의 딕셔너리 값으로 설정한다.

● 데이터 프레임 삭제

● 데이터프레임명.pop(): 데이터 프레임에서 원하는 열을 삭제하고 돌려주는 함수로, 열을 지정하지 않으면 마지막 열을 삭제

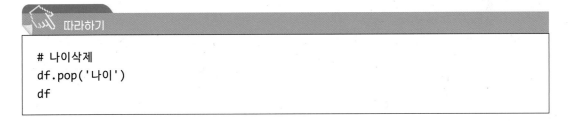

따라하기

```
# 나이삭제
df.pop('나이')
df
```

	이름	국적
학생1	Alice	미국
학생2	Bob	영국
학생3	Charlie	영국
학생4	David	미국
학생5	Elsa	프랑스

- 데이터프레임 df에서 '나이' 열이 제거되었다.

(5) 결측값 관리

● 원본 데이터 셋에는 결측값이 존재할 수 있고, 이는 분석에 영향을 미치므로 적절하게 관리해 주어야 한다.

```
import pandas as pd

# 새로운 자료
data = {
    '제품명': ['사과', '바나나', '딸기', '포도'],
    '가격': [1000, 1500, pd.NA, 2000],
    '수량': [3, pd.NA, 2, 4]
}

# 데이터프레임 생성
shopping_df = pd.DataFrame(data)

print(shopping_df)
```

실행 결과

```
     제품명    가격    수량
0    사과    1000    3
1    바나나   1500   <NA>
2    딸기    <NA>    2
3    포도    2000    4
```

● **데이터프레임명.isnull()**: 결측값의 여부를 확인할 수 있음

　– True는 결측값(NaN), False는 데이터 값이 존재함을 나타낸다.

따라하기

```
shopping_df.isnull()
```

실행 결과

	제품명	가격	수량
0	False	False	False
1	False	False	True
2	False	True	False
3	False	False	False

　– 세번째 인덱스(2)의 가격, 두 번째 인덱스(1)의 수량에서 결측값이 있다.

● 데이터프레임명.isnull().sum(): 결측값 개수의 합을 확인할 수 있음

 따라하기

```
shopping_df.isnull().sum()
```

실행 결과

```
제품명    0
가격     1
수량     1
dtype: int64
```

 – 데이터의 개수가 많은 경우 사용하며, 가격과 수량에서 각각 1개의 결측값이 있음을 반환한다.

● 데이터프레임명.fillna(): 결측값(NaN)을 지정한 값으로 채움

 따라하기

```
# 0으로 대체
shopping_df_filled = shopping_df.fillna(0)

print(shopping_df_filled)
```

실행 결과

```
    제품명    가격    수량
0    사과    1000    3
1   바나나   1500    0
2    딸기      0    2
3    포도    2000    4
```

 – shopping_df 데이터프레임 내의 모든 결측값을 0으로 대체하여 새로운 데이터프레임 shopping_df_filled을 생성한다. shopping_df_filled은 결측값이 모두 0으로 대체된 것을 확인할 수 있다.

● 데이터프레임명.dropna(): 데이터프레임에서 결측값(NaN)을 포함한 행 또는 열을 제거
 – (axis = 1): NaN가 하나라도 포함된 열이면 삭제
 – (axis = 0): NaN가 하나라도 포함된 행이면 삭제

따라하기

```
cleaned_df = shopping_df.dropna(axis = 0)

cleaned_df
```

 실행 결과

	제품명	가격	수량
0	사과	1000	3
3	포도	2000	4

- shopping_df 데이터프레임 내의 결측값을 포함한 행과 열을 제거한 후 cleaned_df 데이터프레임에 할당한다.

02 싸이킷런(scikit-learn)

- 분석에 활용할 수 있도록 데이터를 분할할 수 있다.
- 다양한 기계학습 알고리즘을 습득한다.

● 다양한 머신러닝 알고리즘을 위한 기능들이 포함되어 있는 파이썬 라이브러리이다.

● 주요 모듈

분류	모듈	기능
예제 데이터	sklearn.datasets	사이킷런에 내장되어 예제로 사용할 수 있는 데이터 셋
피처처리	sklearn.preprocessing	데이터 전처리에 필요한 가공 기능 제공(인코딩, 정규화, 스케일링 등)
	sklearn.feature_selection	피처를 우선순위대로 셀렉션 작업을 수행하는 기능 제공
	sklearn.feature_extraction	데이터의 벡터화된 피처를 추출하는 데 사용
데이터 분리, 검증, 튜닝	sklearn.model_selection	학습용, 테스트용 분리 기능 제공
머신러닝 알고리즘	sklearn.ensemble	앙상블 알고리즘, 랜덤 포레스트, 에이다 부스트, 그래디언트 부스팅 등
	sklearn.linear_model	선형 회귀, 릿지(Ridge), 라쏘(Lasso) 및 로지스틱 회귀 등 회귀 알고리즘을 지원
	sklearn.neighbors	K-NN(K-Nearest Neighborhood) 등
	sklearn.tree	의사 결정 나무 알고리즘 제공
	sklearn.cluster	• 비지도 클러스터링 알고리즘 제공 • K-means, DBSCAN 등
평가	sklearn.metrics	분류, 회귀, 클러스터에 대한 다양한 성능 측정 방법 제공

1. Feature(X)와 Target(Y) 분리

● 머신러닝 지도학습은 feature(X) 값들을 사용하여 target(Y) 값을 예측하도록 학습한다.

● 이를 위해 원본 데이터 셋을 각각 X와 Y로 분리하여 분석 데이터 셋을 준비한다.

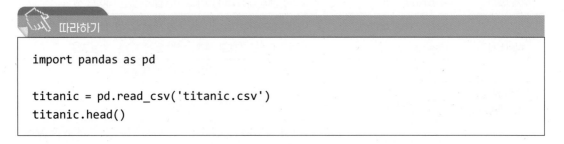

실습

데이터 가져오기

Part 1 폴더의 titanic.csv 파일을 📤코랩 세션저장소에 업로드한다.

● 예제 데이터 셋 중 타이타닉 데이터 셋의 생존 여부를 예측하는 모델을 만들기 위해 survived 변수를 target(Y) 값으로 사용하고, 나머지 열을 feature(X)열로 사용하려 한다.

따라하기

```
import pandas as pd

titanic = pd.read_csv('titanic.csv')
titanic.head()
```

실행 결과

	PassengerId	Survived	Pclass	Name	Sex	Age	SibSp	Fare	Embarked
0	1	0	3	Braund, Mr. Owen Harris	male	22.0	1	7.2500	S
1	2	1	1	Cumings, Mrs. John Bradley (Florence Briggs Th...	female	38.0	1	71.2833	C
2	3	1	3	Heikkinen, Miss. Laina	female	26.0	0	7.9250	S
3	4	1	1	Futrelle, Mrs. Jacques Heath (Lily May Peel)	female	35.0	1	53.1000	S
4	5	0	3	Allen, Mr. William Henry	male	35.0	0	8.0500	S

— 예제 데이터 셋 내의 titanic 데이터 셋을 불러온 후 해당 데이터 셋을 titanic 변수에 할당한다.

```
# Feature (X)와 Target (Y) 분리
X = titanic.drop('Survived', axis=1)
Y = titanic['Survived']

print(X)
print(Y)
```

실행 결과

```
     PassengerId  Pclass                                               Name  \
0              1       3                            Braund, Mr. Owen Harris
1              2       1  Cumings, Mrs. John Bradley (Florence Briggs Th...
2              3       3                             Heikkinen, Miss. Laina
3              4       1       Futrelle, Mrs. Jacques Heath (Lily May Peel)
4              5       3                           Allen, Mr. William Henry
..           ...     ...                                                ...
886          887       2                              Montvila, Rev. Juozas
887          888       1                       Graham, Miss. Margaret Edith
888          889       3           Johnston, Miss. Catherine Helen "Carrie"
889          890       1                              Behr, Mr. Karl Howell
890          891       3                                Dooley, Mr. Patrick

        Sex   Age  SibSp     Fare Embarked
0      male  22.0      1   7.2500        S
1    female  38.0      1  71.2833        C
2    female  26.0      0   7.9250        S
3    female  35.0      1  53.1000        S
4      male  35.0      0   8.0500        S
..      ...   ...    ...      ...      ...
886    male  27.0      0  13.0000        S
887  female  19.0      0  30.0000        S
888  female   NaN      1  23.4500        S
889    male  26.0      0  30.0000        C
890    male  32.0      0   7.7500        Q

[891 rows x 8 columns]
0    0
1    1
2    1
3    1
4    0
```

```
        ..
886     0
887     1
888     0
889     1
890     0
Name: Survived, Length: 891, dtype: int64
```

- drop('Survived', axis=1)은 'Survived' 열을 데이터프레임에서 제거한다. 여기서 axis=1 은 열을 의미한다. titanic['Survived']는 'Survived' 열만을 선택하여 Y로 할당한다.

- 이를 출력하면 X는 'Survived'이 삭제된 것을 Y에는 'Survived'만 존재하는 것을 알 수 있다.

2. 데이터 인코딩(Encoding)

● 머신러닝 알고리즘에서 사용 가능한 형태로 데이터를 변환하는 것이다.

● 사이킷런 머신러닝 알고리즘은 문자열 값을 입력 값으로 허용하지 않으므로 이들을 숫자형 데이터로 변환하는 데이터 인코딩이 필요하다.

● 대표적으로 레이블 인코딩, 원-핫 인코딩 두 가지 방법이 있다.

Encoding	Item
1	Snack
2	Apple
3	Olive
4	wine

인코딩

Item	count
Snack	10
Apple	8
Olive	4
wine	9

원본 데이터

→

Encoding	count
1	10
2	8
3	4
4	9

수정된 데이터

예제 데이터 셋 중 타이타닉 데이터 셋의 범주형데이터를 숫자로 변환하도록 한다.

(1) 데이터프레임명[""].unique(): 중복되지 않는 값의 개수를 반환

 따라하기

```
# 성별 열의 고유값 확인
unique_genders = titanic['Sex'].unique()
print("성별 값:", unique_genders)
```

실행 결과

성별 값: ['male' 'female']

- unique() 함수로 중복을 제외한 모든 다른 값들을 가져온 후 이를 unique_genders 변수에 'Sex' 열에서 가져온 고유한 성별 값을 배열 형태로 저장한다.
- 'Sex' 열에는 'male', 'female' 두 가지의 값만 존재하는 것을 확인할 수 있다.

(2) 데이터프레임명[""].nunique(): 고유한 값 개수를 확인

 따라하기

```
# 객실 클래스 열의 고유한 값 개수 확인
unique_class_count = titanic['Pclass'].nunique()
print("객실 고유 개수:", unique_class_count)
```

실행 결과

객실 고유 개수: 3

- 고유값의 종류뿐만 아니라 그 개수도 파악 가능하다. 'Pclass' 열에 3개의 고유값이 있음을 확인할 수 있다.

(3) LabelEncoder(): 범주형 데이터를 숫자로 변환하는 데 사용된다.

- preprocessing.LabelEncoder()

- .fit_transform()

따라하기

```
from sklearn.preprocessing import LabelEncoder

# LabelEncoder 객체 생성
le = LabelEncoder()

# 'Sex' 열을 라벨 인코딩하여 덮어씌우기
titanic['Sex'] = le.fit_transform(titanic['Sex'])

titanic['Sex']
```

실행 결과

```
0      1
1      0
2      0
3      0
4      1
      ..
886    1
887    0
888    0
889    1
890    1
Name: Sex, Length: 891, dtype: int64
```

- fit_transform() 메서드를 사용하여 'Sex' 열을 라벨 인코딩하여 원래 값인 'male'과 'female'을 0과 1로 변환한다. 변환된 값을 다시 'Sex' 열에 덮어씌워 원래 열의 값을 라벨 인코딩한 값으로 대체하여 원본 데이터프레임을 수정한다.

- 'Sex'를 출력해 본 결과 0과 1로 변환된 것을 알 수 있다.

```
# 'Sex' 열을 원-핫 인코딩하여 새로운 열들로 추가
encoded_sex = pd.get_dummies(titanic['Sex'], prefix='Sex')
titanic = pd.concat([titanic, encoded_sex], axis=1)

# 'Sex' 열 제거
titanic.drop('Sex', axis=1, inplace=True)
titanic
```

실행 결과

	PassengerId	Survived	Pclass	Name	Age	SibSp	Fare	Embarked	Sex_Encoded	Sex_0	Sex_1
0	1	0	3	Braund, Mr. Owen Harris	22.0	1	7.2500	S	1	0	1
1	2	1	1	Cumings, Mrs. John Bradley (Florence Briggs Th…	38.0	1	71.2833	C	0	1	0
2	3	1	3	Heikkinen, Miss. Laina	26.0	0	7.9250	S	0	1	0
3	4	1	1	Futrelle, Mrs. Jacques Heath (Lily May Peel)	35.0	1	53.1000	S	0	1	0
4	5	0	3	Allen, Mr. William Henry	35.0	0	8.0500	S	1	0	1
...	...	...	...	...	...	...	...	...	...	...	...
886	887	0	2	Montvila, Rev. Juozas	27.0	0	13.0000	S	1	0	1
887	888	1	1	Graham, Miss. Margaret Edith	19.0	0	30.0000	S	0	1	0
888	889	0	3	Johnston, Miss. Catherine Helen "Carrie"	NaN	1	23.4500	S	0	1	0
889	890	1	1	Behr, Mr. Karl Howell	26.0	0	30.0000	C	1	0	1
890	891	0	3	Dooley, Mr. Patrick	32.0	0	7.7500	Q	1	0	1

891 rows × 11 columns

- pd.get_dummies()를 사용해 'Sex' 열을 원-핫 인코딩하여 새로운 데이터프레임을 생성한다. prefix='Sex'는 새로운 열들의 이름에 'Sex_' 접두사를 붙이도록 설정하는 것이다.

- pd.concat([titanic, encoded_sex], axis=1)는 기존의 'titanic' 데이터프레임과 원-핫 인코딩된 'Sex' 열 데이터프레임을 열 방향으로 합친다. 원-핫 인코딩을 수행한 후에 더 이상 필요 없는 'Sex' 열을 제거한다.

- 그 결과 'Sex' 열은 삭제되고 Sex_0, Sex_1로 각 열은 해당 카테고리에 속하는지 여부를 이진 값(0 또는 1)으로 나타낸다.

3. train_test_split

코·드·소·개

```
X_train, X_test, Y_train, Y_test = train_test_split(X, Y, test_size=,
random_state=)
```

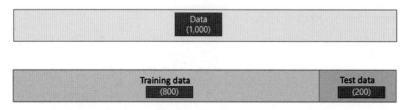

- 사이킷런(scikit-learn)의 model_selection 패키지 안에 train_test_split 모듈을 활용하여 손쉽게 train set(학습 데이터 셋)과 test set(테스트 셋)을 분리할 수 있다.
- default로 설정된 학습 / 테스트 데이터 셋의 비율은 75% / 25%이다.

따라하기

```
from sklearn.model_selection import train_test_split

# 예시 데이터
x = [[0.1, 0.2], [0.3, 0.4], [0.5, 0.6], [0.7, 0.8]]
y = [0, 1, 0, 1]

# Train과 Test 데이터로 분리
X_train, X_test, Y_train, Y_test = train_test_split(x, y, test_size=0.2,
random_state=42)

print("x_train:", X_train)
print("x_test:", X_test)
print("y_train:", Y_train)
print("y_test:", Y_test)
```

실행 결과

```
X_train: [[0.1, 0.2], [0.7, 0.8], [0.3, 0.4]]
X_test: [[0.5, 0.6]]
Y_train: [0, 1, 1]
Y_test: [0]
```

– 실행 결과는 분리 수행 시마다 달라질 수 있다.

– X_train: 학습 데이터 셋의 feature 부분

– X_test: 테스트 데이터 셋의 feature 부분

– y_train: 학습 데이터 셋의 label 부분

– y_test: 테스트 데이터 셋의 label 부분

(1) 인자

● arrays: 분할시킬 데이터를 입력(Python list, Numpy array, Pandas dataframe 등)

● test_size: 테스트 데이터 셋의 비율(float)이나 갯수(int) (default = 0.25)

● train_size: 학습 데이터 셋의 비율(float)이나 갯수(int) (default = test_size의 나머지)

● random_state: 데이터 분할 시 셔플이 이루어지는데 이를 기억하기 위한 임의의 시드값 (int나 RandomState로 입력)

● shuffle: 셔플 여부 설정 (default = True)

● stratify: 지정한 Data의 비율을 유지한다. 예를 들어, Label Set인 Y가 25%의 0과 75%의 1로 이루어진 Binary Set일 때, stratify=Y로 설정하면 나누어진 데이터 셋들도 0과 1을 각각 25%, 75%로 유지한 채 분할된다.

train_test_split 실습

X와 Y로 분리하고 데이터 인코딩까지 완료한 타이타닉 데이터 셋을 활용하여 train데이터 셋과 test 데이터 셋으로 분리하고자 한다.

 따라하기

```python
from sklearn.model_selection import train_test_split

# Train과 Test 데이터로 분리
X_train, X_test, Y_train, Y_test = train_test_split(X, Y, test_size=0.2,
random_state=42)

print("X_train shape:", X_train.shape)
print("X_test shape:", X_test.shape)
print("Y_train shape:", Y_train.shape)
print("Y_test shape:", Y_test.shape)
```

실행 결과

```
X_train shape: (712, 8)
X_test shape: (179, 8)
Y_train shape: (712,)
Y_test shape: (179,)
```

● X와 Y를 주어진 비율로 훈련 셋과 테스트 셋으로 나눈다 .test_size=0.2는 테스트 세트의 크기를 전체 데이터의 20%로 설정함을 의미하며, random_state=42는 랜덤 시드를 고정하여 재현성을 확보한다.

● 각각 셋의 크기(shape)를 출력하여 8:2의 비율로 나뉘었는지 확인한다.

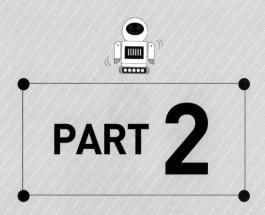

PART 2

유형 따라잡기

더 멋진 내일(Tomorrow)을 위한 내일(My Career)

내 일 은 빅 데 이 터 분 석 기 사 실 기

01

제1유형 데이터 전처리

01 데이터 전처리

- 데이터 전처리의 필요성과 그 처리방법을 학습한다.
- titanic.csv 파일을 활용하여 데이터 전처리 과정을 실습한다.

1. 데이터 전처리

- 데이터 분석의 단계 중 가장 많은 시간이 소요되는 단계이다.

- 데이터 전처리는 반드시 거쳐야 하는 과정으로 전처리 결과에 직접적인 영향을 주고 있어서 반복적으로 수행해야 한다.

- 원활한 데이터 분석 작업을 위해 원본 데이터 내 불완전하고 정확하지 않은 데이터들을 식별해 수정, 변환, 제거 등을 시행함으로써 데이터를 분석 및 처리에 적합한 형태로 만드는 과정이다.

(1) 데이터 정제

- 수집된 데이터를 대상으로 분석에 필요한 데이터를 추출하고 통합하는 과정이다. 원 데이터에는 필수적으로 오류가 있으므로, 빠진 데이터 또는 이상값의 데이터를 처리한다.

- 모든 데이터를 대상으로 정제 활동을 하는 것이 기본이다.

- 데이터 품질 저하의 위협이 있는 데이터에 대해서는 더 많은 정제 활동을 수행해야 한다.

- 데이터 오류의 종류

종류	설명	처리 방법
결측값	존재하지 않거나 관측되지 않는 값	중심 경향값 넣기
노이즈	실제는 입력되지 않았지만 입력되었다고 잘못 판단된 값	평균값 또는 중간값 대체
이상값	데이터의 범위에서 많이 벗어난 아주 작은 값이나 아주 큰 값	하한값 또는 상한값 대체

① 데이터 정제의 과정

단계	수행 내용
데이터 수집	• 데이터의 수집 방법 및 기준 설정 • 입수 경로 구조화 • 집계 및 저장소 결정
데이터 변환	• 데이터를 분석이 가능한 형태로 변환 • ETL, 일반화, 정규화 등
데이터 교정	결측치, 이상치, 노이즈 값 처리
데이터 통합	데이터 분석이 용이하도록 기존 또는 유사 데이터와의 통합

② 데이터 정제의 방법

방법	설명	예시
변환	다양한 형태의 값을 일관된 형태로 변환	코드변환, 형식변환
파싱	데이터를 정제 규칙을 적용하기 위해 유의미한 최소 단위로 분할하는 작업	940818-1 → 1994.08.18. 남자
보강	변환, 파싱, 수정, 표준화 등을 통한 추가 정보를 반영하는 작업	주민등록번호를 통해 성별을 추출한 후 추가 정보 반영

(2) 데이터 결측값 처리

● 결측치가 존재하는 데이터를 분석에 활용할 경우, 효율성, 자료 처리의 복잡성, 편향의 문제를 고려해야 한다.

● 결측값은 입력이 빠진 값으로 NA, 9999, Null 등으로 표현된다.

● 일반적으로 결측값은 제거하는 방식을 선택하지만, 결측값 분포가 많은 원 데이터의 경우 데이터의 유실이 심해 유의미한 정보 획득에 실패할 수 있다.

● 대체 시 데이터의 편향이 발생해 분석 결과의 신뢰성 저하 가능성이 있다.

① 결측값의 종류

완전 무작위 결측	• 데이터가 완전히 무작위로 누락된 경우 • 어떤 변수에서 발생한 결측값이 다른 변수들과 아무런 상관이 없는 경우
무작위 결측	• 누락 데이터의 발생 원인이 수집된 변수에 따라 설명될 수 있는 경우 • 어떤 변수의 누락 데이터가 특정 변수와 관련되어 일어나지만, 그 변수의 결과는 관계가 없는 경우
비무작위 결측	• 데이터가 무작위가 아닌 상황에서 누락되는 경우 • 누락 데이터는 누락된 데이터의 특성과 관련이 있음

② 결측값의 처리 절차

절차	내용
결측값 식별	• 원 데이터(raw data)에는 다양한 형태의 결측 데이터가 있음 • 이러한 결측 데이터의 형태를 식별함
결측값 부호화	• 식별된 결측값 정보를 처리 가능한 형태로 부호화 • NA(Not Available), NaN(Not a Number), inf(Infinite), NULL, 999
결측값 대체	자료형에 적합한 형태로 결측값을 처리함

(3) 데이터 이상값 처리

● 정상 데이터의 범주에서 많이 벗어난 아주 큰 또는 작은 값이다.

● 입력 오류 및 데이터 처리 오류 등으로 특정 범위에서 벗어난 값으로 평균에 영향을 미친다.

● 이상치가 무작위성(Non-Randomly)을 갖고 분포되면 데이터의 정상성(Normality)이 감소한다.

● 이상치는 의사결정에 큰 영향을 미칠 수 있어 적절한 이상치 처리는 필수이다.

① 데이터 이상값 발생 원인

데이터 입력 오류 (Data Entry Error)	데이터를 수집하는 과정에서 발생하는 오류로, 분포 확인 시 쉽게 발견 가능
측정 오류 (Measurement Error)	데이터를 측정하는 과정 중에서 발생하는 오류
실험 오류 (Experimental Error)	실험환경에서 발생한 모든 문제점
고의적인 이상값 (Intentional Outlier)	자기 보고식 측정에서 발생하는 오류로, 정확하게 기입하는 값이 이상값으로 보임
자료 처리 오류 (Data Processing Error)	다수의 데이터에서 필요한 데이터를 추출하거나 조합해서 사용할 때, 전처리 과정에서 발생하는 오류
표본추출 에러 (Sampling Error)	모집단에서 표본을 추출하는 과정에서 편향이 발생하여 표본추출 자체의 오류가 있는 경우
자연적 이상치 (Natural Outlier)	비자연적 이상치 이외로 발생하는 이상치

② 데이터 이상값 검출 방법

● 통계기법

기법	내용
ESD	평균으로부터 3 표준편차 떨어진 값을 이상값으로 판단
기하평균	기하평균으로부터 2.5 표준편차 떨어진 값을 이상값으로 판단
사분위 수	제1사분위, 제3사분위를 기준으로 사분위 간 범위의 1.5배 이상 떨어진 값을 이상값으로 판단
표준화 점수 Z score	• 서로 다른 척도 등으로 비교하기 어려운 데이터 추적에 유용 • 평균이 μ이고 표준편차가 σ인 정규분포를 따르는 관측치 간 차이의 비율을 활용해 이상값 여부를 검정하는 방법
딕슨의 Q 검정 Dixon's Q-test	• 오름차순으로 정렬된 데이터에서 범위에 대한 관측치 간 차이의 비율을 활용해 이상값 여부를 검정하는 방법 • 데이터 수가 30개 미만인 경우 적절함
그럽스 T-검정 Grubbs T-test	정규분포를 만족하는 단변량 자료에서 이상값을 찾는 통계적 검정
카이제곱 검정 chi-square test	• 카이제곱 검정은 데이터가 정규분포를 만족하나, 자료의 수가 적은 경우에 이상값을 검정하는 방법 • 두 범주형 변수 사이의 독립성을 검정하는 데 사용
마할라노비스 거리 Mahalanobis distance	• 다변량 이상치 검출, 불균형 데이터 셋에서의 분류 등에서 유용 • 모든 변수 간에 선형관계를 만족하고, 각 변수들이 정규분포를 따르는 경우 적용할 수 있는 접근법 • 데이터의 분포를 고려하여 데이터의 형태를 잘 반영함

● 시각화

시각화 방법	내용	예시
확률밀도함수 (probability density function)	연속형 확률 변수에 대한 함수로, 확률 변수가 취할 수 있는 값의 모든 가능성에 대한 상대적인 가능성	
히스토그램 (histogram)	각 bin에 얼마나 많은 값이 있는지 분포를 나타낼 수 있음	
산점도 그림 (scatter plot)	• 좌표상의 점들을 표시함으로써 두 개 변수 간의 관계를 나타내는 그래프 방법 • 비모수적 2변량인 경우 사용 가능	

박스플랏 (Box plot)	변수가 다양할 때 사용 가능	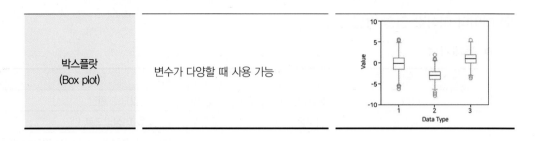

③ 데이터 이상값 처리방법

삭제 (Deleting Observations)	• 이상값으로 판단되는 관측값을 제외하고 분석하는 방법으로, 이상치의 정의에 따라 데이터를 정제하고 적절한 값으로 대체하거나 해당 레코드를 삭제한다. • 추정치의 분산은 작아지지만, 왜곡이 발생하여 편의가 발생할 수 있다.
대체법 (Imputation)	• 이상값을 평균이나 중위수 등으로 대체하는 방법이다. • 대체에 사용되는 데이터에 따라 분석의 정확도가 달라진다.
K-최근접 이웃 (KNN)	• 대체 값으로 가장 가까운 이웃의 값이 사용된다. • 다른 대체 방법보다 더 정확할 수 있지만, 연산 비용이 많이 든다.

(4) 파생 변수의 생성

● 이미 존재하는 데이터를 사용하여 새로운 변수를 만드는 것을 의미한다.

● 기수집한 데이터에서 더 많은 정보를 추출하기 위해 사용된다.

● 기존 변수를 사용하거나 여러 변수의 결합을 통해 파생 변수를 생성할 수 있다.

● 변수를 생성할 때는 새로운 이름을 사용해야 하며, 논리적 타당성과 기준을 가지고 생성하도록 한다.

● 파생 변수 생성 방법

방법	설명	예시
표현형식 변환	간편한 형식으로 표현 변환	남/녀 → 0/1 변환
단위 변환	단위 또는 척도를 변환해 새롭게 표현	12시간 → 24시간 형식으로 변환
정보 추출	변수에서 정보를 추출해 새로운 변수 생성	주민등록번호 → 성별 추출
변수 결합	수학적 결합을 통해 새로운 변수를 정의하는 방법	확률변수들을 결합하여 새로운 분포 형성
요약 통계량 변환	요약 통계량 등을 활용하여 생성하는 방법	나이별 구매량 → 연령대별 평균 구매량

(5) 변수변환

● 데이터 전처리 과정 중 하나로 불필요한 변수를 제거 및 반환하며, 새로운 변수를 생성하여 데이터를 분석하기 좋은 형태로 바꾸는 작업이다.

● 변수변환을 통해 데이터 파악이 쉬워지고 분석이 단순해진다.

① 변수변환의 방법

● 비닝(binning)

- 연속형 변수를 데이터를 범주형 변수로 변환하는 기법이다.

- 데이터값을 몇 개의 Bin으로 분할하여 계산한다.

● 정규화

- 데이터의 범위를 같은 범위로 변환하는 방법이다.

- 데이터가 가진 스케일이 차이가 많이 나는 경우 그 차이를 상대적 특성이 반영된 데이터로 변환하는 작업이다.

정규화의 종류	내용
최소-최대 정규화 (Min-Max Normalization)	● 각 변수(feature)마다 최솟값을 0, 최댓값을 1로 변환하고, 나머지 값들은 0과 1 사이의 값으로 변환하는 방법이다. ● 모든 변수(Feature)의 규모가 같지만, 이상치가 많은 경우에는 적절하지 않다.
Z-스코어 (Z-Score)	● 값이 평균에서 얼마나 떨어져 있는지를 나타내는 척도이다. ● 이상값(Outlier)은 잘 처리하지만, 정확히 같은 척도로 정규화된 데이터를 생성하지는 못한다. ● z-점수가 0에 가까울수록 평균값에 가깝다는 것을 의미하며, z-점수가 3 이상이거나 -3 이하라면 해당 관측값은 극단적인 값으로 판단한다.

● 단순 기능변환

- 한쪽으로 치우친 변수를 변환해 분석모형을 적합하게 한다.

변환 방법	내용
로그 변환	변수에 로그를 취한 값을 사용한다.
역수 변환	변수의 역수를 사용하여 선형적인 특성을 활용한다.
지수 변환	변수의 지수화를 통해 선형적인 특성을 활용한다.
제곱근 변환	변수의 제곱근을 취한 값을 사용한다.

2. 데이터 전처리 따라하기

타이타닉 데이터 셋을 활용하여 변수에 알맞은 전처리 방법을 수행한다.

(1) 데이터 파악

① 데이터 불러오기

- import pandas as pd: pandas 불러오기

 따라하기

```python
# pandas 불러오기
import pandas as pd
import seaborn as sns

# 내장 데이터 셋 불러오기
titanic = sns.load_dataset('titanic')
titanic
```

실전 Tip

seaborn
Matplotlib을 기반으로 다양한 색상 테마와 통계용 차트 등의 기능을 추가한 시각화 패키지이다. 빅데이터분석기사 실기에는 활용하지 않지만 예제 데이터 셋 활용을 위해 불러온다.

실행 결과

	survived	pclass	sex	age	sibsp	parch	fare	embarked	class	who	adult_male	deck
0	0	3	male	22.0	1	0	7.2500	S	Third	man	True	NaN
1	1	1	female	38.0	1	0	71.2833	C	First	woman	False	C
2	1	3	female	26.0	0	0	7.9250	S	Third	woman	False	NaN
3	1	1	female	35.0	1	0	53.1000	S	First	woman	False	C
4	0	3	male	35.0	0	0	8.0500	S	Third	man	True	NaN
...	...	...	...	...	...	...	...	...	...	...	...	...
886	0	2	male	27.0	0	0	13.0000	S	Second	man	True	NaN
887	1	1	female	19.0	0	0	30.0000	S	First	woman	False	B
888	0	3	female	NaN	1	2	23.4500	S	Third	woman	False	NaN
889	1	1	male	26.0	0	0	30.0000	C	First	man	True	C
890	0	3	male	32.0	0	0	7.7500	Q	Third	man	True	NaN

891 rows × 15 columns

* 컬럼의 일부 이미지

- seaborn에 내장된 titanic 셋을 사용한다.

- 데이터 셋을 titanic 변수에 할당하고 데이터의 분포를 파악한다.

● 데이터프레임명.head(n): 위에서부터 n개의 데이터 셋 확인

```
titanic.head(5)
```

실행 결과

	survived	pclass	sex	age	sibsp	parch	fare	embarked	class	who
0	0	3	male	22.0	1	0	7.2500	S	Third	man
1	1	1	female	38.0	1	0	71.2833	C	First	woman
2	1	3	female	26.0	0	0	7.9250	S	Third	woman
3	1	1	female	35.0	1	0	53.1000	S	First	woman
4	0	3	male	35.0	0	0	8.0500	S	Third	man

* 컬럼의 일부 이미지

● 데이터프레임명.describe(): 데이터의 분포 확인

```
titanic.describe()
```

실행 결과

	survived	pclass	age	sibsp	parch	fare
count	891.000000	891.000000	714.000000	891.000000	891.000000	891.000000
mean	0.383838	2.308642	29.699118	0.523008	0.381594	32.204208
std	0.486592	0.836071	14.526497	1.102743	0.806057	49.693429
min	0.000000	1.000000	0.420000	0.000000	0.000000	0.000000
25%	0.000000	2.000000	20.125000	0.000000	0.000000	7.910400
50%	0.000000	3.000000	28.000000	0.000000	0.000000	14.454200
75%	1.000000	3.000000	38.000000	1.000000	0.000000	31.000000
max	1.000000	3.000000	80.000000	8.000000	6.000000	512.329200

– surivived의 평균값(mean)을 보아 대략 38%의 승객만이 생존한 것을 알 수 있다.

– age의 평균은 29이고, 표준편차(std)는 약 14살인 것을 알 수 있으며 결측값이 있다.

- **데이터프레임명**.describe(include=['O']): 문자열 (Object) 데이터 타입을 가진 열 (column)들의 요약 통계 정보

  - count: 해당 열에 있는 비어 있지 않은 값들의 개수

  - unique: 고유한 값의 개수

  - top: 가장 자주 나타나는 값

  - freq: 가장 자주 나타나는 값의 빈도수

```
titanic.describe(include=['O'])
```

실행 결과

	sex	embarked	who	embark_town	alive
count	891	889	891	889	891
unique	2	3	3	3	2
top	male	S	man	Southampton	no
freq	577	644	537	644	549

  - cabin에는 결측값이 상당 수 존재한다.

  - embarked는 S가 가장 많다.

  - male이 577번 나타나므로 탑승객의 과반수는 남성이다.

② 변수 확인

- **데이터프레임명**.columns: 객체의 열(column) 이름들을 반환하는 것으로 데이터프레임 의 열 이름들을 리스트 형태로 반환

따라하기

```
titanic.columns
```

```
Index(['survived', 'pclass', 'sex', 'age', 'sibsp', 'parch', 'fare',
       'embarked', 'class', 'who', 'adult_male', 'deck', 'embark_town',
       'alive', 'alone'],
      dtype='object')
```

● **데이터프레임명**.isna(): 데이터프레임 또는 시리즈의 각 요소에 대해 결측값 여부를 검사

```
titanic.isna()
```

	survived	pclass	sex	age	sibsp	parch	fare	embarked	class	who
0	False	False	False	False	False	False	False		False	False	False
1	False	False	False	False	False	False	False		False	False	False
2	False	False	False	False	False	False	False		False	False	False
3	False	False	False	False	False	False	False		False	False	False
4	False	False	False	False	False	False	False		False	False	False
...	...	...	...	...	...	...	...	...	...	...
886	False	False	False	False	False	False	False		False	False	False
887	False	False	False	False	False	False	False		False	False	False
888	False	False	False	True	False	False	False		False	False	False
889	False	False	False	False	False	False	False		False	False	False
890	False	False	False	False	False	False	False		False	False	False

891 rows × 15 columns

- True 값은 해당 위치의 값이 결측값인 경우를, False 값은 결측값이 아닌 경우이다.

- cabin에 True 값이 존재, 즉 결측값이 존재하는 것을 확인할 수 있다. 하지만 일일이 그 결과를 확인해야 하기에 시간이 오래 걸린다.

● **데이터프레임명**.isna().sum(): 결측값(NaN 또는 None)의 개수를 계산하여 요약된 결과를 반환

따라하기

```
titanic.isna().sum()
```

실행 결과

```
survived        0
pclass          0
sex             0
age           177
sibsp           0
parch           0
fare            0
embarked        2
class           0
who             0
adult_male      0
deck          688
embark_town     2
alive           0
alone           0
dtype: int64
```

- NA = Not available

- NAN = Not a number

- 각 열의 결측값의 개수의 합을 반환한다.

- age, deck에서 많은 수의 결측값을 확인할 수 있다.

(2) 결측값 처리

deck의 결측값은 688개로, 분석에 활용할 수 없다고 판단하여 해당 열을 삭제하려 한다.

① 데이터프레임명.drop.([제거하려는 열 이름], axis = 행-0 열-1, inplace = True): 열 삭제

● inplace=True: 원본 데이터를 직접 수정한다.

● deck 열 삭제

 따라하기

```
titanic.drop(['deck'], axis = 1, inplace = True)
```

● embark_town과 embarked 열 또한 활용도가 낮아 삭제

 따라하기

```
titanic.drop(['embarked'], axis = 1, inplace = True)
titanic.drop(['embark_town'], axis = 1, inplace = True)
```

● titanic 재확인

 따라하기

```
titanic.head(5)
```

실행 결과

	survived	pclass	sex	age	sibsp	parch	fare	class	who	adult_male	alive	alone
0	0	3	male	22.0	1	0	7.2500	Third	man	True	no	False
1	1	1	female	38.0	1	0	71.2833	First	woman	False	yes	False
2	1	3	female	26.0	0	0	7.9250	Third	woman	False	yes	True
3	1	1	female	35.0	1	0	53.1000	First	woman	False	yes	False
4	0	3	male	35.0	0	0	8.0500	Third	man	True	no	True

- 원본 데이터에서 deck열과 embark_town열이 삭제된 것을 확인할 수 있다.

② 결측값 삭제

● 데이터프레임명.dropna(): 결측값(NaN 또는 None)을 가진 행이나 열을 제거

	a	b	c	d	e
0	1.0	2.0	NaN	3.0	4.0
1	5.0	NaN	6.0	NaN	7.0
2	NaN	8.0	9.0	NaN	NaN
3	10.0	11.0	NaN	NaN	12.0
4	NaN	NaN	NaN	NaN	NaN

〈example〉

예시 코드

```
example.dropna()
```

a b c d e

- example은 결측값이 존재하는 데이터 프레임이다. 해당 데이터프레임에서 결측값을 가지는 행 또는 열을 모두 삭제하였다.

- 모든 열에 결측값이 존재하여 모든 데이터가 삭제되었다.

● **데이터프레임명.dropna(how='all')**: 모든 값이 결측값일 때 삭제

예시 코드

```
example.dropna(how='all')
```

실행 결과

	a	b	c	d	e
0	1.0	2.0	NaN	3.0	4.0
1	5.0	NaN	6.0	NaN	7.0
2	NaN	8.0	9.0	NaN	NaN
3	10.0	11.0	NaN	NaN	12.0

- 모든 값이 결측값일 때 삭제하는 how='all' 인자를 삽입한 결과, 모든 값이 결측값인 가장 마지막 줄만 삭제되었다.

③ 데이터 대체

● **데이터프레임명.fillna()**: 결측값을 원하는 값으로 대체

따라하기

```
# Age 열의 결측치를 평균값으로 대체
mean_age = titanic['age'].mean()
titanic['age'].fillna(mean_age, inplace=True)

titanic
```

	survived	pclass	sex	age	sibsp	parch	fare	class	who	adult_male	alive	alone
0	0	3	male	22.000000	1	0	7.2500	Third	man	True	no	False
1	1	1	female	38.000000	1	0	71.2833	First	woman	False	yes	False
2	1	3	female	26.000000	0	0	7.9250	Third	woman	False	yes	True
3	1	1	female	35.000000	1	0	53.1000	First	woman	False	yes	False
4	0	3	male	35.000000	0	0	8.0500	Third	man	True	no	True
...	...	...	...	...	...	...	...	...	...	...	...	...
886	0	2	male	27.000000	0	0	13.0000	Second	man	True	no	True
887	1	1	female	19.000000	0	0	30.0000	First	woman	False	yes	True
888	0	3	female	29.699118	1	2	23.4500	Third	woman	False	no	False
889	1	1	male	26.000000	0	0	30.0000	First	man	True	yes	True
890	0	3	male	32.000000	0	0	7.7500	Third	man	True	no	True

- mean_age에는 age의 평균값을 할당한다.

따라하기

```
# 결측값의 합 확인
titanic.isna().sum()
```

```
survived      0
pclass        0
sex           0
age           0
sibsp         0
parch         0
fare          0
class         0
who           0
adult_male    0
alive         0
alone         0
dtype: int64
```

- age의 결측값이 사라진 것을 확인할 수 있다.

(3) Feature Engineering

아래 세 가지 가설을 검증하기 위한 Feature Engineering을 시행해 본다.

● 가설 1: 동행이 있는 승객의 생존률은 혼자 탑승한 승객보다 높다.

● 가설 2: 나이대별로 승객의 생존률은 차이가 난다.

● 가설 3: 등급별 생존율은 차이가 난다.

① 변수 추가하기 – 가설 1 동행이 있는 승객의 생존률은 혼자 탑승한 승객보다 높다.

   ● 'SibSp'(형제, 자매, 배우자 수)와 'Parch'(부모, 자녀 수) 두 특성을 합쳐서 동행 여부를
나타내는 새로운 변수를 추가한다.

따라하기

```
# 동행자 수 특성 추가
titanic['Companion'] = titanic['sibsp'] + titanic['parch']

# 동행자 수 범주화 (Alone 특성 생성)
titanic['Alone'] = (titanic['Companion'] == 0).astype(int)

titanic
```

실행 결과

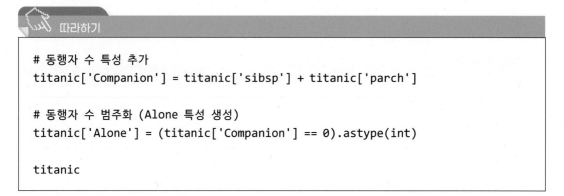

	survived	pclass	sex	age	sibsp	parch	fare	class	who	adult_male	alive	alone	Companion	Alone
0	0	3	male	22.000000	1	0	7.2500	Third	man	True	no	False	1	0
1	1	1	female	38.000000	1	0	71.2833	First	woman	False	yes	False	1	0
2	1	3	female	26.000000	0	0	7.9250	Third	woman	False	yes	True	0	1
3	1	1	female	35.000000	1	0	53.1000	First	woman	False	yes	False	1	0
4	0	3	male	35.000000	0	0	8.0500	Third	man	True	no	True	0	1
...	...	...	...	...	...	...	...	...	...	...	...	...	...	...
886	0	2	male	27.000000	0	0	13.0000	Second	man	True	no	True	0	1
887	1	1	female	19.000000	0	0	30.0000	First	woman	False	yes	True	0	1
888	0	3	female	29.699118	1	2	23.4500	Third	woman	False	no	False	3	0
889	1	1	male	26.000000	0	0	30.0000	First	man	True	yes	True	0	1
890	0	3	male	32.000000	0	0	7.7500	Third	man	True	no	True	0	1

891 rows × 14 columns

  – 'Companion', 'SibSp'과 'Parch'의 수가 합쳐진 동행자 수 특성이 추가되었다.

  – 'Alone' 변수는 'Companion', 즉 동행자 수가 0일 경우 1로 표현하여 혼자 탑승한 승
객을 식별할 수 있게 하였다.

pd.get_dummies(데이터 셋.타겟열, prefix='타겟열')

- 범주형 데이터를 원–핫 인코딩(one–hot encoding)으로 변환하는 데 사용되는 함수이다.
- 원–핫 인코딩은 범주형 데이터를 이진 형태로 나타내는 방법으로, 각 범주값에 대해 하나의 열을 생성하고 해당 범주 값에 해당하는 경우 1, 그렇지 않은 경우 0으로 채운다.

pd.concat([데이터프레임1, 데이터프레임2, ...], axis=0 또는 1)

– 데이터프레임을 결합(연결)하는 데 사용되는 함수로 여러 개의 데이터프레임을 행 또는 열 방향으로 결합할 수 있다.

 따라하기

```
# 생존 여부 특성 추가
titanic['Survived_cat'] = titanic['survived'].map({1: 'Survived', 0:
'Not Survived'})

# 더미 변수화
dummy_titanic = pd.get_dummies(titanic['Alone'], prefix='Alone')
titanic = pd.concat([titanic, dummy_titanic], axis=1)

titanic
```

실행 결과

	survived	pclass	sex	age	sibsp	parch	fare	embarked	class	who	adult_male	alive	alone	Companion	Alone	Survived_cat	Alone_0	Alone_1
0	0	3	male	22.000000	1	0	7.2500	S	Third	man	True	no	False	1	0	Not Survived	1	0
1	1	1	female	38.000000	1	0	71.2833	C	First	woman	False	yes	False	1	0	Survived	1	0
2	1	3	female	26.000000	0	0	7.9250	S	Third	woman	False	yes	True	0	1	Survived	0	1
3	1	1	female	35.000000	1	0	53.1000	S	First	woman	False	yes	False	1	0	Survived	1	0
4	0	3	male	35.000000	0	0	8.0500	S	Third	man	True	no	True	0	1	Not Survived	0	1
...	...	...	...	...	...	...	...	...	...	...	...	...	...	...	...	...	...	...
886	0	2	male	27.000000	0	0	13.0000	S	Second	man	True	no	True	0	1	Not Survived	0	1
887	1	1	female	19.000000	0	0	30.0000	S	First	woman	False	yes	True	0	1	Survived	0	1
888	0	3	female	29.699118	1	2	23.4500	S	Third	woman	False	no	False	3	0	Not Survived	1	0
889	1	1	male	26.000000	0	0	30.0000	C	First	man	True	yes	True	0	1	Survived	0	1
890	0	3	male	32.000000	0	0	7.7500	Q	Third	man	True	no	True	0	1	Not Survived	0	1

891 rows × 18 columns

- 기존의 'survived' 열을 기반으로 새로운 'Survived_cat' 열을 추가한다. 'survived' 열의 값이 1인 경우 'Survived'로, 0인 경우 'Not Survived'로 매핑하여 새로운 열을 생성한다.
- 'Alone' 열의 값을 더미 변수화하여 새로운 데이터프레임인 'dummy_titanic'을 생성한다.
- pd.get_dummies() 함수를 사용하여 'Alone' 열의 값을 더미 변수로 변환한다.
- 원본 타이타닉 데이터프레임 'titanic'과 생성한 'dummy_titanic' 데이터프레임을 열 방향(axis=1)으로 합쳐서 새로운 'titanic' 데이터프레임을 생성한다.

따라하기

```
# 가설 1 검증
survival_rates = titanic.groupby('Alone')['survived'].mean()
print(survival_rates)
```

실행 결과

```
Alone
0    0.505650
1    0.303538
Name: survived, dtype: float64
```

– 가설 1 검증을 위해 Alone이 0(동행자가 있음)과 1(동행자가 없음)로 그룹화하여 생존
율을 확인한 결과 동행자가 있는 경우(Alone=0)에 더 높은 생존율을 보인다.

② 그룹화 – 가설 2 나이대별로 승객의 생존률은 차이가 난다.

● pd.cut(데이터, 구간, labels=라벨)

따라하기

```
# 나이대별로 승객을 그룹화
age_bins = [0, 12, 18, 30, 50, float('inf')]
age_labels = ['Child', 'Teenager', 'Young Adult', 'Adult', 'Senior']

titanic['AgeGroup'] = pd.cut(titanic['age'], bins=age_bins, labels=age_labels,
right=False)

titanic
```

실행 결과

	survived	pclass	sex	age	sibsp	parch	fare	class	who	adult_male	alive	alone	Companion	Alone	AgeGroup
0	0	3	male	22.000000	1	0	7.2500	Third	man	True	no	False	1	0	Young Adult
1	1	1	female	38.000000	1	0	71.2833	First	woman	False	yes	False	1	0	Adult
2	1	3	female	26.000000	0	0	7.9250	Third	woman	False	yes	True	0	1	Young Adult
3	1	1	female	35.000000	1	0	53.1000	First	woman	False	yes	False	1	0	Adult
4	0	3	male	35.000000	0	0	8.0500	Third	man	True	no	True	0	1	Adult
...	...	...	...	...	...	...	...	...	...	...	...	...	...	...	...
886	0	2	male	27.000000	0	0	13.0000	Second	man	True	no	True	0	1	Young Adult
887	1	1	female	19.000000	0	0	30.0000	First	woman	False	yes	True	0	1	Young Adult
888	0	3	female	29.699118	1	2	23.4500	Third	woman	False	no	False	3	0	Young Adult
889	1	1	male	26.000000	0	0	30.0000	First	man	True	yes	True	0	1	Young Adult
890	0	3	male	32.000000	0	0	7.7500	Third	man	True	no	True	0	1	Adult

891 rows × 15 columns

– 연속형 변수를 일정한 구간(bin)으로 나눠 준다.

– age 변수를 12세까지는 'Child', 18세까지는 'Teenager', 30세까지는 'Young Adult', 50세까지는 'Adult', 그 이상은 'Senior'로 구분하였다.

– 변경된 titanic 데이터 셋 확인 결과 AgeGroup이라는 열이 추가되고 승객의 나이에 해당하는 구간이 설정되어 있다.

따라하기

```
# 가설 2 검증
survival_rates = titanic.groupby('AgeGroup')['survived'].mean()
print(survival_rates)
```

실행 결과

```
AgeGroup
Child          0.573529
Teenager       0.488889
Young Adult    0.350554
Adult          0.417969
Senior         0.364865
Name: Survived, dtype: float64
```

– 가설 2 검증을 위해 'AgeGroup'별로 생존율을 확인한 결과, 나이 구간에 따라 생존율에 차이가 있다.

③ 레이블 인코딩(Label Encoding) – 가설 3 'age', 'sex', 'class' 세 변수만으로는 생존율 예측률이 매우 떨어질 것이다.

● 범주형 변수의 각 카테고리를 순서대로 정수로 매핑하는 기법이다.

따라하기

```
titanic['class'].unique()
```

실행 결과

```
['Third', 'First', 'Second']
Categories (3, object): ['First', 'Second', 'Third']
```

– 등급을 수치형 변수로 변환하기 위해서 우선 'class' 열의 고유값을 확인한다.

- 'Third', 'First', 'Second' 세 가지의 고유값으로 구성되어 있는 것을 확인할 수 있다.

```
# 클래스를 레이블 인코딩으로 변환
class_mapping = {'First': 0, 'Second': 1, 'Third': 2}
titanic['class'] = titanic['class'].map(class_mapping)

titanic
```

실행 결과

	survived	pclass	sex	age	sibsp	parch	fare	embarked	class	who	adult_male	alive	alone	Companion	Alone	Survived_cat	Alone_0	Alone_1	AgeGroup
0	0	3	male	22.000000	1	0	7.2500	S	2	man	True	no	False	1	0	Not Survived	1	0	Young Adult
1	1	1	female	38.000000	1	0	71.2833	C	0	woman	False	yes	False	1	0	Survived	1	0	Adult
2	1	3	female	26.000000	0	0	7.9250	S	2	woman	False	yes	True	0	1	Survived	0	1	Young Adult
3	1	1	female	35.000000	1	0	53.1000	S	0	woman	False	yes	False	1	0	Survived	1	0	Adult
4	0	3	male	35.000000	0	0	8.0500	S	2	man	True	no	True	0	1	Not Survived	0	1	Adult
...	...	...	...	...	...	...	...	...	...	...	...	...	...	...	...	...	...	...	...
886	0	2	male	27.000000	0	0	13.0000	S	1	man	True	no	True	0	1	Not Survived	0	1	Young Adult
887	1	1	female	19.000000	0	0	30.0000	S	0	woman	False	yes	True	0	1	Survived	0	1	Young Adult
888	0	3	female	29.699118	1	2	23.4500	S	2	woman	False	no	False	3	0	Not Survived	1	0	Young Adult
889	1	1	male	26.000000	0	0	30.0000	C	0	man	True	yes	True	0	1	Survived	0	1	Young Adult
890	0	3	male	32.000000	0	0	7.7500	Q	2	man	True	no	True	0	1	Not Survived	0	1	Adult

891 rows × 19 columns

- class_mapping이라는 딕셔너리를 만들어 각 클래스를 숫자로 매핑한다. 원본 titanic ['class'] 열의 값들을 class_mapping을 사용하여 매핑된 숫자로 변환한다.
- 'class' 열이 숫자형 변수로 변환된 것을 확인할 수 있다.

● 싸이킷런의 LabelEncoder 클래스를 활용한 인코딩 방법이다.

```
from sklearn.preprocessing import LabelEncoder
label_encoder = LabelEncoder()
titanic['sex'] = label_encoder.fit_transform(titanic['sex'])

titanic['sex']
```

실행 결과

```
0    1
1    0
2    0
3    0
4    1
```

```
        ..
886     1
887     0
888     0
889     1
890     1
Name: sex, Length: 891, dtype: int64
```

- titanic 데이터프레임의 'sex' 열의 각 값은 'male' 또는 'female'인데, 이러한 문자열
  값들이 LabelEncoder를 사용하여 각각 0과 1로 변환한다.

🔵 더 알아보기

```
import pandas as pd
from sklearn.model_selection import train_test_split
from sklearn.preprocessing import LabelEncoder
from sklearn.linear_model import LogisticRegression
from sklearn.metrics import accuracy_score

# 특성과 레이블 분리
X = titanic[['age', 'sex', 'class']]
y = titanic['survived']

# 데이터 분할: 학습 데이터와 테스트 데이터
X_train, X_test, y_train, y_test = train_test_split(X, y, test_size=0.2, random_state=42)

# 로지스틱 회귀 모델 생성 및 학습
model = LogisticRegression()
model.fit(X_train, y_train)

# 테스트 데이터로 예측
y_pred = model.predict(X_test)

# 정확도 평가
accuracy = accuracy_score(y_test, y_pred)
print("Accuracy:", accuracy)
```

실행 결과

```
Accuracy: 0.8100558659217877
```

- 가설3 검정을 위해 'age', 'sex', 'class' 열만을 특성으로 생존예측 모델을 만든 결과,
  정확도 약 81%로 해당 변수들이 큰 설명력을 갖고 있음을 확인할 수 있다.

(4) 데이터 변환

① 정규표준화(Standardization)

● StandardScaler()

```
from sklearn.preprocessing import StandardScaler
# StandardScaler 객체 생성
scaler = StandardScaler()

# 데이터를 표준화
scaled_data = scaler.fit_transform(원본데이터)
```

- 데이터의 특성(feature)을 평균이 0이고 표준편차가 1이 되도록 변환한다.

- 모든 특성들이 동일한 스케일을 가지게 되어, 모델의 학습 과정이 안정적으로 이루어
  질 수 있다.

● 타이타닉 데이터 셋에서 승객의 나이를 정규분포의 형태로 변환한다.

따라하기

```
import pandas as pd
from sklearn.preprocessing import StandardScaler, MinMaxScaler

scaler = StandardScaler()
titanic['age'] = scaler.fit_transform(titanic[['age']])

titanic['age']
```

실행 결과

```
0      -0.592481
1       0.638789
2      -0.284663
3       0.407926
4       0.407926
        ...
886    -0.207709
887    -0.823344
888     0.000000
889    -0.284663
```

```
890    0.177063
Name: Age2, Length: 891, dtype: float64
```

- sklearn.preprocessing 모듈에서 StandardScaler와 MinMaxScaler 클래스를 불러
  온 후 StandardScaler 클래스의 인스턴스인 scaler를 생성한다.

- fit_transform은 데이터를 스케일링하기 위해 먼저 평균과 표준 편차를 계산한 다음에
  변환 작업을 수행한 후 이를 활용해 'age' 열의 값들을 표준화하고, 그 결과를 'Age_2'
  열에 저장한다.

 더 알아보기

```
import pandas as pd
import numpy as np
from sklearn.preprocessing import StandardScaler
import matplotlib.pyplot as plt

# 히스토그램 생성
plt.figure(figsize=(10, 4))

plt.subplot(1, 2, 1)
plt.hist(titanic['age'], bins=20, color='blue', alpha=0.7)
plt.title('Normalized Age Histogram')
plt.xlabel('age')
plt.ylabel('Frequency')

plt.tight_layout()
plt.show()
```

실행 결과

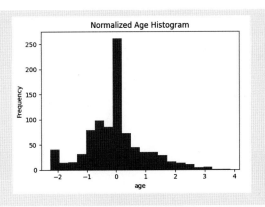

– 'age' 열의 데이터가 평균 0, 표준 편차 1로 스케일링된 데이터로 변환된 것을 확인할 수 있다.

② 최소-최대 표준화(Min-Max Scaling)

● MinMaxScaler()

 코 · 드 · 소 · 개

```
from sklearn.preprocessing import MinMaxScaler
scaler = MinMaxScaler() # MinMaxScaler 객체 생성
normalized_data = scaler.fit_transform(원본데이터) # 데이터를 정규화
```

● 요금데이터를 최소-최대 정규화한다.

 따라하기

```
from sklearn.preprocessing import MinMaxScaler

# MinMaxScaler를 이용한 최소-최대 정규화
scaler = MinMaxScaler()
titanic['fare'] = scaler.fit_transform(titanic[['fare']])
```

– sklearn.preprocessing 모듈에서 MinMaxScaler 클래스를 불러온 후 인스턴스인 scaler를 생성한다.

– fit_transform은 데이터를 스케일링하기 위해 먼저 최솟값과 최댓값을 계산한 다음 변환 작업을 수행한 후 이를 활용해 'fare' 열의 값들을 최소-최대 정규화하고, 그 결과를 'fare' 열에 저장한다.

따라하기

```
print(titanic['fare'])
```

```
0      0.014151
1      0.139136
2      0.015469
3      0.103644
4      0.015713
         ...
886    0.025374
887    0.058556
888    0.045771
889    0.058556
890    0.015127
Name: fare, Length: 891, dtype: float64
```

- 'fare' 열의 데이터가 평균 0, 표준 편차 1로 스케일링된 데이터로 변환된 것을 확인할
  수 있다.

02 예제

내일은 빅데이터 분석기사

학 ·습 ·포 ·인 ·트 --

- 예제는 시험환경에서 제공하는 문제로, 시험유형에 익숙해질 수 있도록 한다.
- 연습문제로 다양한 전처리를 수행하여 시험유형에 대비한다.
- 해당 해설은 예시이며, 다양한 해설이 존재할 수 있다.

1. 제1유형 문제 예제

*출처: kaggle datasets download -d ruiromanini/mtcars

mtcars 데이터 셋의 qsec 컬럼을 최소최대척도(Min-Max Scale)*로 변환한 후 0.5보다 큰 값을 가지는 레코드 수를 구하시오.

> **데이터 가져오기**
>
> part2/1유형 폴더의 mtcars.csv 파일을 📤코랩 세션저장소에 업로드한다.

① 'qsec' 컬럼을 최소최대척도로 변환한다.

 따라하기

```
import pandas as pd
from sklearn.preprocessing import MinMaxScaler

# mtcars 데이터 셋 불러오기
mtcars = pd.read_csv('mtcars.csv')
```

- 'mtcars' 변수에 mtcars 데이터 셋을 담는다.

 따라하기

```
scaler = MinMaxScaler()
```

기초 용어 정리

* 최소최대척도 : 최소−최대 표준화와 같은 용어이다. 시험에서는 최소−최대 표준화 또는 최소최대척도라고 사용되므로 꼭 참고하도록 한다.

96 • 내일은 빅데이터분석기사 실기

```
# 'qsec' 컬럼을 최소최대척도로 변환
mtcars['qsec_scaled'] = scaler.fit_transform(mtcars[['qsec']])
mtcars['qsec_scaled']
```

```
     0    0.233333        11   0.345238        22   0.333333
     1    0.300000        12   0.369048        23   0.108333
     2    0.489286        13   0.416667        24   0.303571
     3    0.588095        14   0.414286        25   0.523810
     4    0.300000        15   0.395238        26   0.261905
     5    0.680952        16   0.347619        27   0.285714
     6    0.159524        17   0.591667        28   0.000000
     7    0.654762        18   0.478571        29   0.119048
     8    1.000000        19   0.642857        30   0.011905
     9    0.452381        20   0.655952        31   0.488095
    10    0.523810        21   0.282143
Name: qsec_scaled, dtype: float64
```

- 'scaler' 변수에 MinMaxScaler() 객체를 생성한다.

- mtcars 데이터 셋에 'qsec_scaled' 변수를 추가하고 해당 변수에는 'qsec' 컬럼을 최소최
  대척도로 변환한 데이터를 담는다.

② 변환된 값을 이용하여 0.5보다 큰 값을 가지는 레코드 수를 계산한다.

따라하기

```
count = mtcars[mtcars['qsec_scaled'] > 0.5].shape[0]

print(count)
```

```
9
```

- 'qsec' 컬럼을 최소–최대 정규화시킨 'qsec_scaled' 열의 값이 0.5보다 큰 경우의 행
  (row)의 개수를 계산해 count 변수에 담는다.

- 'count' 출력 결과 9개 레이블의 'qsec_scaled' 열의 값이 0.5보다 크다.

2. 연습문제

해당 해설은 예시이며, 다양한 해설이 존재할 수 있다.

(1) Titanic 데이터 셋

 따라하기

```python
import pandas as pd
import seaborn as sns

df = sns.load_dataset('titanic')  # seaborn 라이브러리의 내장 데이터 셋 활용

df
```

실행 결과

	survived	pclass	sex	age	sibsp	parch	fare	embarked	class	who	adult_male	deck	embark_town	alive	alone
0	0	3	male	22.0	1	0	7.2500	S	Third	man	True	NaN	Southampton	no	False
1	1	1	female	38.0	1	0	71.2833	C	First	woman	False	C	Cherbourg	yes	False
2	1	3	female	26.0	0	0	7.9250	S	Third	woman	False	NaN	Southampton	yes	True
3	1	1	female	35.0	1	0	53.1000	S	First	woman	False	C	Southampton	yes	False
4	0	3	male	35.0	0	0	8.0500	S	Third	man	True	NaN	Southampton	no	True
...	...	...	...	...	...	...	...	...	...	...	...	...	...	...	...
886	0	2	male	27.0	0	0	13.0000	S	Second	man	True	NaN	Southampton	no	True
887	1	1	female	19.0	0	0	30.0000	S	First	woman	False	B	Southampton	yes	True
888	0	3	female	NaN	1	2	23.4500	S	Third	woman	False	NaN	Southampton	no	False
889	1	1	male	26.0	0	0	30.0000	C	First	man	True	C	Cherbourg	yes	True
890	0	3	male	32.0	0	0	7.7500	Q	Third	man	True	NaN	Queenstown	no	True

891 rows × 15 columns

 따라하기

```python
# 변수명 파악
df.columns
```

실행 결과

```
Index(['survived', 'pclass', 'sex', 'age', 'sibsp', 'parch', 'fare',
       'embarked', 'class', 'who', 'adult_male', 'deck', 'embark_town',
       'alive', 'alone'],
      dtype='object')
```

① Titanic 데이터 셋의 승선한 사람들의 클래스와 성별 10개를 나이가 많은 순서로 나열하여 데이터 프레임 형태로 출력하시오.

- **데이터프레임명.sort_values(by=기준열, ascending=True 또는 False)**: 데이터프레임 (DataFrame) 또는 시리즈(Series) 객체를 특정 열(column)을 기준으로 정렬
  - ascending=True: 기본값으로 오름차순 정렬
  - ascending=False=False: 내림차순 정렬

따라하기

```
# 나이가 많은 순으로 데이터 정렬
sorted_df = df.sort_values(by='age', ascending=False)

top_10 = sorted_df.head(10)

top_10
```

실행 결과

	survived	pclass	sex	age	sibsp	parch	fare	embarked	class	who	adult_male	deck	embark_town	alive	alone
630	1	1	male	80.0	0	0	30.0000	S	First	man	True	A	Southampton	yes	True
851	0	3	male	74.0	0	0	7.7750	S	Third	man	True	NaN	Southampton	no	True
493	0	1	male	71.0	0	0	49.5042	C	First	man	True	NaN	Cherbourg	no	True
96	0	1	male	71.0	0	0	34.6542	C	First	man	True	A	Cherbourg	no	True
116	0	3	male	70.5	0	0	7.7500	Q	Third	man	True	NaN	Queenstown	no	True
672	0	2	male	70.0	0	0	10.5000	S	Second	man	True	NaN	Southampton	no	True
745	0	1	male	70.0	1	1	71.0000	S	First	man	True	B	Southampton	no	False
33	0	2	male	66.0	0	0	10.5000	S	Second	man	True	NaN	Southampton	no	True
54	0	1	male	65.0	0	1	61.9792	C	First	man	True	B	Cherbourg	no	False
280	0	3	male	65.0	0	0	7.7500	Q	Third	man	True	NaN	Queenstown	no	True

- df를 'age' 열을 기준으로 내림차순(ascending=False)으로 정렬하여 sorted_df에 저장한다. 이 중 상위 열 개만을 담은 데이터 프레임을 top_10로 정의한다.

따라하기

```
# 'class'과 'sex' 열 선택
result = top_10[['class', 'sex']]

result
```

	class	sex
630	First	male
851	Third	male
493	First	male
96	First	male
116	Third	male
672	Second	male
745	First	male
33	Second	male
54	First	male
280	Third	male

− top_10 중 ['class', 'sex'] 열만을 result에 할당한다.

② Age의 결측값을 평균으로 채우고, Age를 표준정규분포로 스케일링한 값을 Age_scale 열에 저장하시오. 답안은 print(df['Age_scale']) 형태로 출력하시오.

따라하기

```
import pandas as pd

# age의 결측값 확인
df['age'].isna().sum()
```

실행 결과

```
177
```

● age열의 결측값을 확인한 결과 177개의 결측값이 확인된다.

따라하기

```
# Age 열의 결측값 처리 (평균값으로 대체)
mean_age = df['age'].mean()
df['age'].fillna(mean_age, inplace=True)

df['age'].isna().sum()
```

```
0
```

- mean_age 변수에 age의 평균을 할당한다. 이를 fillna() 함수를 통해 df 데이터프레임
  의 'age' 열의 결측값에 대체한다.
- age 열의 결측값 개수의 합을 확인한 결과 0개로 결측값이 모두 대체된 것을 확인할 수 있다.

따라하기

```python
from sklearn.preprocessing import StandardScaler

# age 열을 표준정규분포로 스케일링
scaler = StandardScaler()
df['Age_scale'] = scaler.fit_transform(df[['age']])

print(df['Age_scale'])
```

실행 결과

```
0      -0.592481
1       0.638789
2      -0.284663
3       0.407926
4       0.407926
          ...
886    -0.207709
887    -0.823344
888     0.000000
889    -0.284663
890     0.177063
Name: Age_scale, Length: 891, dtype: float64
```

- StandardScaler() 클래스를 활용하여 'age' 변수를 스케일링한다. 스케일링된 결과를
  'Age_scale' 열에 할당하고 이를 선택하여 출력한다.

③ 연령대가 30대인 데이터를 추출하여 그 추출된 데이터 중에서 생존한 사람들의 'pclass',
'sex', 'age', 'sibsp' 데이터를 데이터 프레임 형태로 상위 5개 나타내시오.

```
# 데이터 새로 불러오기
import pandas as pd
df = sns.load_dataset('raw/titanic')


df


# 연령대가 30대인 승객들을 추출
age_30 = df[(df['age'] >= 30) & (df['age'] < 40)]
```

실행 결과

	survived	pclass	sex	age	sibsp	parch	fare	embarked	class	who	adult_male	deck	embark_town	alive	alone
1	1	1	female	38.0	1	0	71.2833	C	First	woman	False	C	Cherbourg	yes	False
3	1	1	female	35.0	1	0	53.1000	S	First	woman	False	C	Southampton	yes	False
4	0	3	male	35.0	0	0	8.0500	S	Third	man	True	NaN	Southampton	no	True
13	0	3	male	39.0	1	5	31.2750	S	Third	man	True	NaN	Southampton	no	False
18	0	3	female	31.0	1	0	18.0000	S	Third	woman	False	NaN	Southampton	no	False
...	...	...	...	...	...	...	...	...	...	...	...	...	...	...	...
867	0	1	male	31.0	0	0	50.4958	S	First	man	True	A	Southampton	no	True
872	0	1	male	33.0	0	0	5.0000	S	First	man	True	B	Southampton	no	True
881	0	3	male	33.0	0	0	7.8958	S	Third	man	True	NaN	Southampton	no	True
885	0	3	female	39.0	0	5	29.1250	Q	Third	woman	False	NaN	Queenstown	no	False
890	0	3	male	32.0	0	0	7.7500	Q	Third	man	True	NaN	Queenstown	no	True

167 rows × 15 columns

● 연령대가 30인 승객을 df[(df['age'] >= 30) & (df['age'] < 40)] 조건으로 추출하여 age_30 변수에 할당한다.

```
# 생존한 승객들을 선택
survived = age_30[age_30['survived'] == 1]

# 필요한 열 선택
result = survived[['pclass', 'sex', 'age', 'sibsp']]

# 데이터프레임 출력
result.head(5)
```

	pclass	sex	age	sibsp
1	1	female	38.0	1
3	1	female	35.0	1
21	2	male	34.0	0
25	3	female	38.0	1
61	1	female	38.0	0

- 'age_30' 변수, 즉 30대인 승객 중 생존한 사람 ['survived'] == 1을 survived에 담는다.
- 데이터 프레임 survived 의 'pclass', 'sex', 'age', 'sibsp' 열만을 선택하여 result에 할당하고 상위 다섯 개를 추출한다.

④ 생존한 사람 Survived=1과 생존하지 않은 사람 Survived=0들의 나이의 평균값을 순서대로 소수점 둘째 자리까지 구하시오. 단, 나이 결측값은 전체 탑승자의 평균으로 채우시오.

따라하기

```
import pandas as pd
import seaborn as sns

df = sns.load_dataset('titanic')  # 데이터 셋 새로 불러오기

average_age = df['age'].mean()
df['age'].fillna(average_age, inplace=True)

df['age'].isna().sum()
```

실행 결과

0

- 'age' 열의 결측값을 전체 탑승자의 평균으로 대체한 후 'age' 열의 결측값의 개수를 확인한다.

따라하기

```
# 데이터 분리
survived_data = df[df['survived'] == 1]
not_survived_data = df[df['survived'] == 0]

# 나이 평균 구하기
average_survived = survived_data['age'].mean()
average_not_survived = not_survived_data['age'].mean()

# 결과 출력 (소수점 둘째 자리까지)
print(round(average_survived, 2))
print(round(average_not_survived, 2))
```

실행 결과
```
28.55
30.42
```

- 'survived' 열이 1이면 생존, 0이면 미생존으로 구분하여 각각의 데이터를 분리한다.

- 분리한 각 데이터 셋의 'age' 열의 평균을 구하여 각각 average_survived와 average_not_survived에 담는다.

- round() 함수로 소수점 이하의 숫자를 반올림하여 각 평균을 출력한다.

⑤ 요금(Fare)의 최고와 최저의 평균을 구하시오.

 따라하기

```
# 요금(Fare) 열의 최고값과 최저값 계산
fare_max = df['fare'].max()
fare_min = df['fare'].min()
```

- .max()와 .min()은 순서형(sequence) 데이터에서 최댓값과 최솟값을 찾는 데 사용되는 파이썬 내장함수이다.

- 최고값을 fare_max에 최저값을 fare_min에 할당한다.

```
# 최고값과 최저값의 평균 계산
fare_mean = (fare_max + fare_min) / 2
# 결과 출력
print(fare_mean)
```

실행 결과

```
256.1646
```

- fare_max와 fare_min의 평균값을 fare_mean 변수에 담고 출력한다.

⑥ Survived=1 데이터 중 Pclass가 2보다 큰 승객의 이름, 나이, 성별을 데이터프레임 형태로 출력하시오.

```
import pandas as pd
import seaborn as sns

df = sns.load_dataset('titanic') # 데이터 셋 새로 불러오기

# 승객 필터링
filtered_data = df[(df['survived'] == 1) & (df['pclass'] > 2)]
filtered_data
```

실행 결과

	survived	pclass	sex	age	sibsp	parch	fare	embarked	class	who	adult_male	deck	embark_town	alive	alone
2	1	3	female	26.0	0	0	7.9250	S	Third	woman	False	NaN	Southampton	yes	True
8	1	3	female	27.0	0	2	11.1333	S	Third	woman	False	NaN	Southampton	yes	False
10	1	3	female	4.0	1	1	16.7000	S	Third	child	False	G	Southampton	yes	False
19	1	3	female	NaN	0	0	7.2250	C	Third	woman	False	NaN	Cherbourg	yes	True
22	1	3	female	15.0	0	0	8.0292	Q	Third	child	False	NaN	Queenstown	yes	True
...	...	...	...	...	...	...	...	...	...	...	...	...	...	...	...
838	1	3	male	32.0	0	0	56.4958	S	Third	man	True	NaN	Southampton	yes	True
855	1	3	female	18.0	0	1	9.3500	S	Third	woman	False	NaN	Southampton	yes	False
858	1	3	female	24.0	0	3	19.2583	C	Third	woman	False	NaN	Cherbourg	yes	False
869	1	3	male	4.0	1	1	11.1333	S	Third	child	False	NaN	Southampton	yes	False
875	1	3	female	15.0	0	0	7.2250	C	Third	child	False	NaN	Cherbourg	yes	True

119 rows × 15 columns

- 'survived' 열의 값이 1인 조건을 만족하는 불리언(boolean) 시리즈와 'pclass' 열의 값이 2보다 큰 조건을 만족하는 불리언 시리즈를 생성한다.
- & 연산자: 두 개의 불리언 시리즈를 & 연산자로 결합하여 두 조건이 모두 참일 때 전체 조건이 참이 되도록 한다.

 따라하기

```
# 필요한 열 선택
result = filtered_data[['pclass', 'age', 'sex']]

result
```

실행 결과

	pclass	age	sex
2	3	26.0	female
8	3	27.0	female
10	3	4.0	female
19	3	NaN	female
22	3	15.0	female
...	...	...	...
838	3	32.0	male
855	3	18.0	female
858	3	24.0	female
869	3	4.0	male
875	3	15.0	female

119 rows × 3 columns

- filtered_data 데이터 프레임의 'pclass', 'age', 'sex' 열만을 추출하여 result에 할당한 후 출력한다.

(2) wine 데이터 셋

* 출처: kaggle datasets download -d uciml/red-wine-quality-cortez-et-al-2009

 데이터 가져오기

Part2/1유형 폴더의 Wine dataset.csv 파일을 🔒코랩 세션저장소에 업로드한다.

```
import pandas as pd

df = pd.read_csv('Wine dataset.csv')
df
```

실행 결과

	fixed acidity	volatile acidity	citric acid	residual sugar	chlorides	free sulfur dioxide	total sulfur dioxide	density	pH	sulphates	alcohol	quality
0	7.4	0.700	0.00	1.9	0.076	11.0	34.0	0.99780	3.51	0.56	9.4	5
1	7.8	0.880	0.00	2.6	0.098	25.0	67.0	0.99680	3.20	0.68	9.8	5
2	7.8	0.760	0.04	2.3	0.092	15.0	54.0	0.99700	3.26	0.65	9.8	5
3	11.2	0.280	0.56	1.9	0.075	17.0	60.0	0.99800	3.16	0.58	9.8	6
4	7.4	0.700	0.00	1.9	0.076	11.0	34.0	0.99780	3.51	0.56	9.4	5
...	...	...	...	...	...	...	...	...	...	...	...	...
1594	6.2	0.600	0.08	2.0	0.090	32.0	44.0	0.99490	3.45	0.58	10.5	5
1595	5.9	0.550	0.10	2.2	0.062	39.0	51.0	0.99512	3.52	0.76	11.2	6
1596	6.3	0.510	0.13	2.3	0.076	29.0	40.0	0.99574	3.42	0.75	11.0	6
1597	5.9	0.645	0.12	2.0	0.075	32.0	44.0	0.99547	3.57	0.71	10.2	5
1598	6.0	0.310	0.47	3.6	0.067	18.0	42.0	0.99549	3.39	0.66	11.0	6

1599 rows × 12 columns

① Alcalinity of ash의 평균값과 표준편차를 정수 형태로 구하시오.

```
# 'Alcalinity of ash' 열의 평균값 계산
mean = df['Alcalinity of ash'].mean()

# 'Alcalinity of ash' 열의 표준편차 계산
std = df['Alcalinity of ash'].std()

# 결과 출력
print(int(mean))
print(int(std))
```

실행 결과

```
19
3
```

- .mean()과 .std()는 주어진 데이터의 평균과 표준 편차를 계산하는 메서드로 이를 활용하여 'Alcalinity of ash'의 평균값과 표준편차를 각 변수에 할당한다.
- int() 함수를 활용하여 정수 형태로 나타낸다.

② Flavanoids 변수 상위 5개의 Color intensity와 Alcohol을 데이터 프레임 형태로 나타내시오.

따라하기

```
top_5 = df.sort_values(by='Flavanoids', ascending=False).head(5)
top_5
```

실행 결과

	class	Alcohol	Malic acid	Ash	Alcalinity of ash	Magnesium	Total phenols	Flavanoids	Nonflavanoid phenols	Proanthocyanins	Color intensity	Hue	OD280/OD315 of diluted wines	Proline
121	2	11.56	2.05	3.23	28.5	119	3.18	5.08	0.47	1.87	6.00	0.93	3.69	465
18	1	14.19	1.59	2.48	16.5	108	3.30	3.93	0.32	1.86	8.70	1.23	2.82	1680
98	2	12.37	1.07	2.10	18.5	88	3.52	3.75	0.24	1.95	4.50	1.04	2.77	660
52	1	13.82	1.75	2.42	14.0	111	3.88	3.74	0.32	1.87	7.05	1.01	3.26	1190
13	1	14.75	1.73	2.39	11.4	91	3.10	3.69	0.43	2.81	5.40	1.25	2.73	1150

- .sort_values(by='Flavanoids', ascending=False)는 데이터프레임 또는 시리즈를 특정 열의 값을 기준으로 정렬한다. 이를 사용하여 'Flavanoids' 변수의 상위 5개를 내림차순(ascending=False)으로 구한다.

- 이를 top_5 변수에 할당한다.

따라하기

```
# 데이터 프레임으로 구성
result_df = top_5[['Color intensity', 'Alcohol']]

# 결과 출력
print(result_df)
```

실행 결과

```
     Color intensity    Alcohol
121          6.00       11.56
 18          8.70       14.19
 98          4.50       12.37
 52          7.05       13.82
 13          5.40       14.75
```

- 'Color intensity', 'Alcohol' 변수만을 추출한 데이터프레임을 'result_df'에 할당한 후 출력한다.

③ Alcohol이 14도 이상인 것은 높은 도수라고 분류한다. 높은 도수 와인들의 Color intensity 의 평균값을 정수 형태로 구하고 낮은 도수들의 Color intensity 평균값과의 차를 소수 둘째 자리까지 구하시오.

 따라하기

```
# 'Alcohol'이 14도 이상인 높은 도수의 와인들의 'Color intensity' 평균값 계산
high = df[df['Alcohol'] >= 14]['Color intensity'].mean()

# 'Alcohol'이 14도 미만인 낮은 도수의 와인들의 'Color intensity' 평균값 계산
low = df[df['Alcohol'] < 14]['Color intensity'].mean()

print(high)
print(low)
```

실행 결과

```
6.559545454545454
4.846346147435897
```

● df['Alcohol'] >= 14: 'Alcohol' 열의 값이 14 이상 또는 미만인 조건을 만족하는 데이터를 선택 후 'Color intensity' 열을 선택한다.

● .mean(): 선택된 'Color intensity' 열의 값들의 평균을 계산한다.

 따라하기

```
# 'Color intensity' 차이 계산
difference = high- low
print("{:.2f}".format(difference))
```

실행 결과

```
1.71
```

● '-' 연산자를 사용하여 'Color intensity' 차이를 계산하고 출력한다.

④ class가 3인 와인들과 1인 와인들의 Flavanoids의 차이를 정수 형태로 구하시오.

따라하기

```python
# 'Class' 열이 1인 와인들의 'Flavanoids' 평균값 계산
class1 = df[df['class'] == 1]['Flavanoids'].mean()

# 'Class' 열이 3인 와인들의 'Flavanoids' 평균값 계산
class3 = df[df['class'] == 3]['Flavanoids'].mean()

print(class1)
print(class3)
```

실행 결과

```
2.982372881355932
0.7814583333333333
```

- 'class' 열의 값이 1인 조건을 만족하는 데이터들을 선택하고 그중에서 'Flavanoids' 열을 선택한다.

- .mean(): 선택된 'Flavanoids' 열의 값들의 평균을 계산한다.

따라하기

```python
# 'Flavanoids' 차이 계산
result = class3 - class1

# 결과 출력
print(int(result))
```

실행 결과

```
-2
```

- '−' 연산자를 사용하여 'Flavanoids'의 차이를 계산하고 출력한다.

⑤ Class가 3인 그룹에서 'Flavanoids'와 상관계수가 가장 높은 두 개의 컬럼과 그 상관계수를 선택한다.

실전 Tip

상관계수
각 열 간의 관계를 나타내는 값으로, 어떤 변수가 다른 변수와 얼마나 밀접하게 관련되어 있는지를 나타냅니다.

따라하기

```
class_3 = df[df['class'] == 3]

# 상관관계를 계산하고, 절댓값을 취한다.
corr_with_f = class_3.corr().abs()['Flavanoids']

corr_with_f
```

실행 결과

```
class                            NaN
Alcohol                          0.076087
Malic acid                       0.281573
Ash                              0.277110
Alcalinity of ash                0.271450
Magnesium                        0.568779
Total phenols                    0.238915
Flavanoids                       1.000000
Nonflavanoid phenols             0.634479
Proanthocyanins                  0.408005
Color intensity                  0.366914
Hue                              0.293086
OD280/OD315 of diluted wines     0.429696
Proline                          0.246448
Name: Flavanoids, dtype: float64
```

- 'class'가 3인 레코드들을 class_3에 담은 후 .corr()를 사용해 모든 열 간의 상관계수 행렬을 계산한다.

- .abs(): 상관계수 행렬의 모든 값에 절대값을 적용한다.

- 위에서 계산한 상관계수 행렬에서 'Flavanoids' 열에 대한 행을 선택한다.

따라하기

```
# 'Flavanoids'와 상관관계가 가장 높은 두 개의 컬럼
result = corr_with_f.drop('Flavanoids').nlargest(2)

print(result)
```

```
# Class가 3인 그룹에서 상관관계가 가장 높은 두 컬럼:
Nonflavanoid phenols    0.634479
Magnesium               0.568779
Name: Flavanoids, dtype: float64
```

● 상관계수 행렬(corr_with_f)에서 'Flavanoids' 열을 제외한 나머지 열들을 선택하고 .nlargest(2) 메서드를 사용하여 남은 상관계수 행렬에서 가장 큰 상관계수 값을 가지는 열을 두 개 선택하여 result 변수에 할당한다.

(3) pokemon 데이터 셋

* 출처: kaggle datasets download -d abcsds/pokemon

데이터 가져오기

Part2/1유형 폴더의 Pokemon 파일을 🗂코랩 세션저장소에 업로드한다.

따라하기

```
import pandas as pd
df = pd.read_csv("Pokemon.csv")

df
```

실행 결과

	#	Name	Type 1	Type 2	Total	HP	Attack	Defense	Sp. Atk	Sp. Def	Speed	Generation	Legendary
0	1	Bulbasaur	Grass	Poison	318	45	49	49	65	65	45	1	False
1	2	Ivysaur	Grass	Poison	405	60	62	63	80	80	60	1	False
2	3	Venusaur	Grass	Poison	525	80	82	83	100	100	80	1	False
3	3	VenusaurMega Venusaur	Grass	Poison	625	80	100	123	122	120	80	1	False
4	4	Charmander	Fire	NaN	309	39	52	43	60	50	65	1	False
...	...	...	...	...	...	...	...	...	...	...	...	...	...
795	719	Diancie	Rock	Fairy	600	50	100	150	100	150	50	6	True
796	719	DiancieMega Diancie	Rock	Fairy	700	50	160	110	160	110	110	6	True
797	720	HoopaHoopa Confined	Psychic	Ghost	600	80	110	60	150	130	70	6	True
798	720	HoopaHoopa Unbound	Psychic	Dark	680	80	160	60	170	130	80	6	True
799	721	Volcanion	Fire	Water	600	80	110	120	130	90	70	6	True

800 rows × 13 columns

① Defense 방어력이 상위 10개인 포켓몬의 이름, 공격력으로 정렬된 데이터프레임을 출력하시오.

 따라하기

```
# Defense(방어력)이 상위 10개인 포켓몬을 선택하고, 해당 포켓몬의 이름과 Attack(공격
력) 열을 추출
top_10 = df.nlargest(10, 'Defense')[['Name', 'Attack']]

top_10
```

실행 결과

	Name	Attack
224	SteelixMega Steelix	125
230	Shuckle	10
333	AggronMega Aggron	140
223	Steelix	85
414	Regirock	100
789	Avalugg	117
87	SlowbroMega Slowbro	75
98	Cloyster	95
332	Aggron	110
456	Bastiodon	52

- nlargest(10, 'Defense') 메서드를 사용하여 'Defense' 열 값이 가장 큰 10개의 포켓몬을 선택하고 'Name' 열과 'Attack' 열을 추출한다.

- top_10 데이터프레임에는 'Defense' 상위 10개 포켓몬의 이름과 공격력 정보가 저장된다.

 따라하기

```
top_10 = top_10.sort_values(by='Attack', ascending=True)

top_10
```

	Name	Attack
230	Shuckle	10
456	Bastiodon	52
87	SlowbroMega Slowbro	75
223	Steelix	85
98	Cloyster	95
414	Regirock	100
332	Aggron	110
789	Avalugg	117
224	SteelixMega Steelix	125
333	AggronMega Aggron	140

● Attack(공격력)을 기준으로 오름차순 정렬(ascending=True)한 결과를 top_10 데이터 프레임에 재저장 후 출력한다.

② Type 1이 Grass인 포켓몬들의 HP의 평균을 구하고, Type 1이 Rock인 포켓몬 HP의 평균 과의 차를 정수 형태로 구하시오.

```
# HP 평균산출
grass_pokemon = df[df['Type 1'] == 'Grass']
hp_grass = grass_pokemon['HP'].mean()

rock_pokemon = df[df['Type 1'] == 'Rock']
hp_rock = rock_pokemon['HP'].mean()

print(hp_grass)
print(hp_rock)
```

```
67.27142857142857
65.36363636363636
```

● Type 1이 각각 Grass와 Rock인 포켓몬들의 평균을 .mean()을 사용하여 산출한 후 저장한다.

```
# 두 평균값의 차이 구하기
result = hp_grass - hp_rock

print(int(result))
```

실행 결과

```
1
```

● '−' 연산자를 사용하여 두 평균값의 차이를 구한다.

③ Legendary=True인 경우의 Total 값이 평균 이상인 데이터들을 추출하시오. 추출된 데이터를 Total 값이 작은 순서로 정렬하고 1부터 100까지 포켓몬의 Speed의 평균을 소수 둘째 자리까지 구하시오.

따라하기

```
legendary_mean_total = df[df['Legendary']]['Total'].mean()
legendary_mean = df[df['Total'] >= legendary_mean_total]

legendary_mean.describe()
```

실행 결과

	#	Total	HP	Attack	Defense	Sp. Atk	Sp. Def	Speed	Generation
count	34.000000	34.000000	34.000000	34.000000	34.000000	34.000000	34.00000	34.000000	34.000000
mean	437.823529	697.647059	106.029412	140.029412	107.470588	132.911765	111.00000	100.205882	3.529412
std	178.213435	36.186288	20.986988	25.532493	21.921672	30.667689	22.20838	15.266877	1.481917
min	130.000000	640.000000	50.000000	90.000000	60.000000	70.000000	65.00000	71.000000	1.000000
25%	373.750000	680.000000	100.000000	120.000000	91.250000	112.500000	95.75000	90.000000	3.000000
50%	384.000000	680.000000	105.000000	145.000000	100.000000	131.000000	105.00000	95.000000	3.000000
75%	605.500000	700.000000	117.500000	160.000000	120.000000	153.000000	120.00000	110.000000	4.750000
max	720.000000	780.000000	150.000000	190.000000	160.000000	194.000000	160.00000	140.000000	6.000000

● Legendary=True인 경우의 Total 값 평균을 계산하고 (.mean()) Total 값이 Legendary 평균 이상인 데이터를 추출하여 legendary_mean에 저장한다.

```
sorted_data = legendary_mean.sort_values(by='Total')
speed_mean = sorted_data.head(100)['Speed'].mean()

print(round(speed_mean, 2))
```

실행 결과

```
100.21
```

- Total 값이 작은 순서로 정렬한 후 sorted_data에 저장한다. .sort_values(by='Total')의 정렬기본값은 오름차순이므로 자동으로 작은 순서로 정렬된다.

- sorted_data에서 1부터 100까지 포켓몬의 Speed 평균을 구하고 이를 speed_mean에 저장한다.

④ generation과 상관이 가장 큰 변수를 구하려고 한다. 'HP', 'Attack', 'Defense', 'Speed' 중 상관계수의 절댓값이 가장 큰 두 변수와 그 값을 구하라.

 따라하기

```
# generation과 'HP', 'Attack', 'Defense', 'Speed' 간의 상관계수 행렬을 계산
matrix = df[['Generation', 'HP', 'Attack', 'Defense', 'Speed']].corr()

# generation과 다른 변수들 간의 상관계수의 절댓값 중 가장 큰 두 변수
max_corr = matrix.iloc[0, 1:].abs().nlargest(2)

max_corr
```

실행 결과

```
HP         0.058683
Attack     0.051451
Name: Generation, dtype: float64
```

- .corr(): 생성된 부분 데이터프레임 간의 상관계수 행렬을 생성한다.

- matrix.iloc[0, 1:]: 상관계수 행렬에서 첫 번째 행('Generation' 열)과 나머지 열들 간의 상관계수를 선택하여 .abs(): 상관계수들의 절댓값을 취한다.

● 절댓값이 가장 큰 상관계수 값을 가지는 두 개의 열을 선택하여 저장하고 출력한다.

⑤ Type 1이 Fire인 경우 Attack 하위 25%의 값들의 평균값은?

 따라하기

```
fire_pokemon = df[df['Type 1'] == 'Fire']

fire_pokemon.describe()
```

실행 결과

	#	Total	HP	Attack	Defense	Sp. Atk	Sp. Def	Speed	Generation
count	52.000000	52.000000	52.000000	52.000000	52.000000	52.000000	52.000000	52.000000	52.000000
mean	327.403846	458.076923	69.903846	84.769231	67.769231	88.980769	72.211538	74.442308	3.211538
std	226.262840	109.760496	19.404123	28.769275	23.658200	30.042121	22.619908	25.245783	1.850665
min	4.000000	250.000000	38.000000	30.000000	37.000000	15.000000	40.000000	20.000000	1.000000
25%	143.500000	368.000000	58.000000	62.250000	51.000000	70.000000	54.750000	60.000000	1.000000
50%	289.500000	482.000000	70.000000	84.500000	64.000000	85.000000	67.500000	78.500000	3.000000
75%	513.250000	534.000000	80.000000	101.000000	78.000000	109.000000	85.000000	96.250000	5.000000
max	721.000000	680.000000	115.000000	160.000000	140.000000	159.000000	154.000000	126.000000	6.000000

● Type 1이 'Fire'인 포켓몬들만 선택하여 fire_pokemon 데이터 프레임에 저장한다.

 따라하기

```
attack_25 = fire_pokemon['Attack'].quantile(0.25)
average = fire_pokemon[fire_pokemon['Attack'] <= attack_25]['Attack'].mean()

print(average)
```

실행 결과

```
50.0
```

● .quantile(q)는 백분위수를 나타내는 값으로, 0부터 1 사이의 실수를 입력한다. quantile (0.25)로 'Attack'(공격력) 값 중 하위 25%의 값을 구한다.

● 하위 25% 값들의 평균값을 계산하여 'average'에 저장한 후 출력한다.

⑥ Total이 600이고 속성이 Rock인 포켓몬의 수를 구하시오.

```
# Total이 600이고 속성이 Rock인 포켓몬의 수
rock_pokemon = df[(df['Total'] == 600) & (df['Type 1'] == 'Rock')].shape[0]

print(rock_pokemon)
```

실행 결과

```
2
```

- 데이터프레임 df에서 'Total' 값이 600이고 'Type 1' 값이 'Rock'인 조건을 만족하는 포켓
  몬들을 선택하고 위에서 선택된 포켓몬들의 행(row) 수를 계산(.shape[0])한다.
- 이를 'rock_pokemon'에 저장하고 답안을 출력한다.

02

제2유형 데이터 모형 구축

01 데이터 분석

- 데이터 분석의 과정을 알고, 필요한 메소드를 습득한다.
- 파라미터 조정 등을 활용할 수 있어야 한다.

1. 데이터 분석

● 데이터를 파악하고 전처리 한 후 데이터를 독립변수와 종속변수로 분리한다. 모델을 생성하고 분석을 시행한 후 그 성능을 평가하는 것이 데이터 분석의 과정이다.

(1) 데이터 파악

● 데이터프레임 내의 구조와 분포를 확인한다.

● 데이터 파악 메소드

메소드 명	기능
데이터프레임명.count()	컬럼별 총 객체
데이터프레임명.describe()	컬럼별 기초 요약 통계량
데이터프레임명.mean()	컬럼별 평균
데이터프레임명.std()	컬럼별 표준편차
데이터프레임명.var()	컬럼별 분산
데이터프레임명.min()	컬럼별 최솟값
데이터프레임명.max()	컬럼별 최댓값
데이터프레임명.quantile(q)	컬럼별 분위수(q*100%)
데이터프레임명.median()	컬럼별 중앙값

① 데이터프레임명.head(): 데이터프레임의 처음 몇 개의 행을 반환한다. 데이터의 구조와 내용을 빠르게 파악하기 위해 사용된다.

```
import pandas as pd

# 예시 데이터
data = {'Name': ['A', 'B', 'C', 'D', 'E'],
        'Age': [25, 30, 22, 28, 24],
        'City': ['Busan', 'Seoul', 'Daegu', 'Jeju', 'Suwon']}

# 데이터프레임 생성
df = pd.DataFrame(data)

# 처음 3개의 행 출력
print(df.head(3))
```

실행 결과

```
   Name  Age   City
0    A   25   Busan
1    B   30   Seoul
2    C   22   Daegu
```

● df.head(3) 입력 시 데이터 프레임의 처음 3개의 행만을 출력하는 것을 확인할 수 있다.

② 데이터프레임명.info(): 열의 개수, 비결측치인 값의 개수, 데이터 타입 등 데이터프레임의 정보를 나타낸다.

```
df.info()
```

실행 결과

```
<class 'pandas.core.frame.DataFrame'>
RangeIndex: 5 entries, 0 to 4
Data columns (total 3 columns):
 #   Column  Non-Null Count  Dtype
---  ------  --------------  -----
 0   Name    5 non-null      object
 1   Age     5 non-null      int64
 2   City    5 non-null      object
dtypes: int64(1), object(2)
memory usage: 248.0+ bytes
```

- RangeIndex: 인덱스 범위를 나타내며, 여기서는 0부터 4까지의 인덱스 범위

- Column: 열의 이름

- Non-Null Count: 결측치가 아닌 값의 개수

- Dtype: 데이터 타입 int64는 정수, object는 문자열

- memory usage: 약 248.0바이트

③ 데이터프레임명.describe(): 숫자 데이터를 가지는 열에 대해 평균, 표준편차, 최솟값, 최댓값 등의 통계량을 보여 준다.

```
print(df.describe())
```

실행 결과

```
              Age
count    5.000000
mean    25.800000
std      3.193744
min     22.000000
25%     24.000000
50%     25.000000
75%     28.000000
max     30.000000
```

- Age 열에 대한 통계 정보를 출력한다. 값의 개수, 평균, 표준편차, 최솟값, 사분위 수, 최댓값을 나타낸다.

(2) 데이터 전처리

데이터를 정제하고 변형하는 과정이다.

① 결측치, 이상치 처리

- 결측치를 삭제 또는 대체하고, 이상치를 보정 또는 제거하는 방법을 선택하여 데이터를 정제한다.

```
import pandas as pd
import numpy as np

# 예시 데이터
data = {'A': [1, 2, np.nan, 4, 5],
        'B': [np.nan, 10, 11, 12, np.nan],
        'C': [20, 21, 22, np.nan, 24]}

# 데이터프레임
df = pd.DataFrame(data)

# 결측치를 평균값으로 대체
df_filled = df.fillna(df.mean())

print("원본 데이터")
print(df)
print("결측치 처리 후 데이터")
print(df_filled)
```

실행 결과

```
원본 데이터
     A     B     C
0  1.0   NaN  20.0
1  2.0  10.0  21.0
2  NaN  11.0  22.0
3  4.0  12.0   NaN
4  5.0   NaN  24.0
결측치 처리 후 데이터
     A     B      C
0  1.0  11.0  20.00
1  2.0  10.0  21.00
2  3.0  11.0  22.00
3  4.0  12.0  21.75
4  5.0  11.0  24.00
```

- 원본 데이터인 df의 결측치를 평균값으로 대체하여 df_filled에 저장한다.

- 평균값은 11로 확인되며 NaN 값이 모두 사라진 것을 확인할 수 있다.

② 데이터 변환

최소-최대 정규화 (Min-Max Normalization)	• 각 변수(feature)마다 최솟값을 0, 최댓값을 1로 변환하고, 나머지 값들은 0과 1 사이의 값으로 변환하는 방법이다. • 모든 변수(Feature)의 규모가 같지만, 이상치가 많은 경우에는 적절하지 않다.
Z-스코어(Z-Score) 표준화	• 값이 평균에서 얼마나 떨어져 있는지를 나타내는 척도이다. • 이상값(Outlier)은 잘 처리하지만, 정확히 같은 척도로 정규화된 데이터를 생성하지는 못한다. • z-점수가 0에 가까울수록 평균값에 가깝다는 것을 의미하며, z-점수가 3 이상이거나 -3 이하라면 해당 관측값은 극단적인 값으로 판단한다.

(3) 데이터 분리

① feature(X)와 target(Y) 분리

- iris 데이터 셋은 각 샘플이 세 가지 종류의 붓꽃 중 어떠한 종류인지 나타내는 Label(Y)을 갖고 있다.

- iris 데이터 셋을 활용하여 어떠한 종인지 예측하는 모델을 생성한다.

따라하기

```
import pandas as pd
from sklearn.datasets import load_iris
from sklearn.model_selection import train_test_split
from sklearn.preprocessing import LabelEncoder, StandardScaler

# 붓꽃 데이터 셋 로드
iris = load_iris()
iris_data = pd.DataFrame(data=iris.data, columns=iris.feature_names)
iris_target = pd.DataFrame(data=iris.target, columns=['species'])

# 데이터와 레이블 분리
X = iris_data  # 특성 데이터
y = iris_target['species']  # 레이블
```

- iris 데이터 셋을 각각 iris_data와 iris_target으로 로드하고 이를 X와 Y로 분리하여 저장한다.

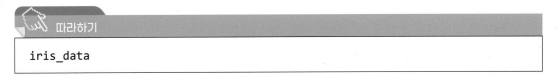

따라하기

```
iris_data
```

실행 결과

	sepal length (cm)	sepal width (cm)	petal length (cm)	petal width (cm)
0	5.1	3.5	1.4	0.2
1	4.9	3.0	1.4	0.2
2	4.7	3.2	1.3	0.2
3	4.6	3.1	1.5	0.2
4	5.0	3.6	1.4	0.2
...	...	...	...	...
145	6.7	3.0	5.2	2.3
146	6.3	2.5	5.0	1.9
147	6.5	3.0	5.2	2.0
148	6.2	3.4	5.4	2.3
149	5.9	3.0	5.1	1.8

150 rows × 4 columns

- 붓꽃의 종류 'species'를 제외한 열이 특성데이터로 분리된 것을 확인할 수 있다.

따라하기

```
iris_target
```

실행 결과

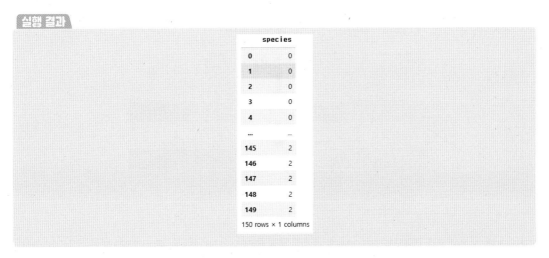

	species
0	0
1	0
2	0
3	0
4	0
...	...
145	2
146	2
147	2
148	2
149	2

150 rows × 1 columns

– 붓꽃의 종류 'species' 열만이 레이블 데이터로 분리된 것을 확인할 수 있다.

② 데이터 인코딩

● 범주형 데이터를 수치형 데이터로 변환하는 과정이다.

레이블 인코딩
(Label Encoding)
	• 범주형 데이터의 각 카테고리를 숫자로 변환하는 방법
	• sklearn.processing의 LabelEncoder 사용
	  label_encoder = LabelEncoder()
	  y_encoded = label_encoder.fit_transform(y)
	• 예시
	<table><tr><td>ID</td><td>Label Encoding</td></tr><tr><td>'포도'</td><td>0</td></tr><tr><td>'사과'</td><td>1</td></tr><tr><td>'딸기'</td><td>2</td></tr></table>

원-핫 인코딩 (One-Hot Encoding)	• 범주형 데이터의 각 카테고리를 이진(binary) 벡터로 변환 • 각 카테고리에 대한 새로운 열이 생성되며, 해당 카테고리에 해당하는 열만 1이고 나머지 열은 0으로 표현 • sklearn.processing의 OneHotEncoder 사용 encoded_df = pd.get_dummies(df, columns=['category']) • 예시 <table><tr><td>ID</td><td>포도</td><td>사과</td><td>바나나</td></tr><tr><td>'포도'</td><td>1</td><td>0</td><td>0</td></tr><tr><td>'사과'</td><td>0</td><td>1</td><td>0</td></tr><tr><td>'딸기'</td><td>0</td><td>0</td><td>1</td></tr></table>

③ train_test_split

● 데이터를 훈련 데이터, 검증 데이터로 분할하는 작업이다.

● 데이터분할은 분석용 데이터로 모형을 구축하여 평가 및 검증하기 위한 작업으로, 과대적합* 문제를 예방하고 일반화 성능을 향상시킨다.

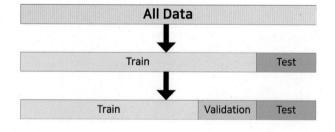

기초 용어 정리

* **과대 적합**: 모델이 훈련 셋에서는 좋은 성능을 내지만 검증 셋에서는 낮은 성능을 내는 경우를 말한다.

```
from sklearn.model_selection import train_test_split

X_train, X_test, y_train, y_test = train_test_split(특성데이터, 타겟데이터,
test_size=비율, random_state=시드값)
```

Train Set	데이터를 학습해 분석 모형의 알고리즘을 만드는 데 직접 사용되는 데이터
Test Set	• 최종적으로 일반화된 분석 모형을 검증하는 테스트를 위한 데이터 • 테스트 데이터는 학습 과정에 사용되지 않고 오로지 모형의 평가를 위한 과정에만 사용

● 앞서 사용했던 iris 데이터를 feature(X)와 target(Y)를 분리 후 훈련 데이터와 테스트 데이터를 분리한다.

 따라하기

```
# iris data
X = iris_data  # 특성 데이터
y = iris_target['species']  # 레이블

# 훈련 데이터와 테스트 데이터 분리
X_train, X_test, y_train, y_test = train_test_split(X, y, test_size=0.2,
random_state=42)

print("X_train shape:", X_train.shape)
print("X_test shape:", X_test.shape)
print("y_train shape:", y_train.shape)
print("y_test shape:", y_test.shape)
```

실행 결과

```
X_train shape: (120, 4)
X_test shape: (30, 4)
y_train shape: (120,)
y_test shape: (30,)
```

– 150개였던 행의 개수가 train 120개, test 30개, 즉 8:2로 분리된 것을 확인할 수 있다.

⑷ 데이터 분석(Analyzing)

① 탐색적 분석

● 기초 통계량 산출 및 데이터 분포와 변수 간의 관계 파악, 데이터 시각화

- 데이터 시각화를 활용

② 모델링

- 훈련용 데이터 셋과 테스트용 데이터 셋으로 분리

- 적합한 모델을 선정하여 데이터 모델링

③ 모델 평가 및 검증

- 테스트 데이터 셋을 이용하여 모델 검증 작업

- .fit(): 모델을 주어진 데이터에 맞추는 과정을 의미하며, 학습 데이터를 이용하여 모델의 파라미터를 조정하여 최적화한다.

따라하기

```
from sklearn.neighbors import KNeighborsClassifier
from sklearn.metrics import accuracy_score

# 객체 생성
knn_classifier = KNeighborsClassifier(n_neighbors=3)

# 모델 학습
knn_classifier.fit(X_train, y_train)

# 예측
y_pred = knn_classifier.predict(X_test)
```

- K-NeighborsClassifier를 사용하여 모델을 생성한다. 모델은 fit 메소드를 사용하여 훈련 데이터를 학습하고, predict 메소드를 사용하여 테스트 데이터에 대한 예측을 수행한다.

(5) 성능평가 및 시각화

① 분류

	실제값(Reference)	
예측값(Reference)	Y	N
Y	True Positive(TP)	False Positive(FP)
N	False Negative(FN)	True Negative(TN)

평가지표	공식	설명
정확도 (Accuracy)	$\dfrac{TP+TN}{TP+TN+FN+FP}$	전체 중 True를 True라고 옳게 예측한 경우와 False를 False라고 예측한 경우 예측모형의 전체적인 정확도를 평가
재현율(Recall) = 민감도(sensitivity)	$\dfrac{TP}{TP+FN}$	실제 True인 것 중에서 모델이 True라고 예측한 비율
정밀도 (Precision)	$\dfrac{TP}{TP+FP}$	모델이 True라고 분류한 것 중에서 실제 True인 비율
특이도 (Specificity)	$\dfrac{TN}{TN+FP}$	실제 False인 data 중에서 모델이 False라고 예측한 비율
거짓 긍정률 (False Positive Rate)	$\dfrac{FP}{TN+FP}$	실제 False인 data 중에서 모델이 True라고 예측한 비율
F1-Score	$2 \times \dfrac{precision \times recall}{precision+recall}$	정밀도와 재현율의 조화평균으로 어느 한쪽으로 치우치지 않는 수치를 나타낼 때 F1 Score는 높은 값을 가짐
AUC	\multicolumn{2}{l}{• 실제 True인 (True Positive, TP)에 대한 실제 False (False Positive Rate, FP)의 변화 • 0부터 1까지의 값을 가지며 1에 가까울수록 모델의 성능이 좋다고 판단할 수 있음}

따라하기

```python
from sklearn.metrics import accuracy_score, recall_score, f1_score, roc_curve, auc

# 예시 데이터
y_true = [1, 0, 1, 1, 0, 1, 0, 1, 1, 0] # 실제값
y_pred = [1, 0, 0, 1, 0, 1, 0, 1, 0, 1] # 예측값
# Accuracy 계산
accuracy = accuracy_score(y_true, y_pred)
# Recall 계산
recall = recall_score(y_true, y_pred)
# F1 스코어 계산
f1 = f1_score(y_true, y_pred)
# ROC 곡선 및 AUC 계산
fpr, tpr, thresholds = roc_curve(y_true, y_pred)
roc_auc = auc(fpr, tpr)

# 결과 출력
print("Accuracy:", accuracy)
print("Recall:", recall)
print("F1 Score:", f1)
print("ROC AUC:", roc_auc)
```

```
Accuracy: 0.7
Recall: 0.6666666666666666
F1 Score: 0.7272727272727272
ROC AUC: 0.7083333333333334
```

② 회귀

지표	내용
SSE	예측값과 실제값 차이의 제곱 합
SST	실제값과 평균값 차이의 제곱 합
SSR	예측값과 평균값 차이의 제곱 합
AE	예측한 결괏값의 오류 평균
MAE	평균 오차 절댓값의 평균
결정계수	회귀모형 내 독립변수 x로 설명할 수 있는 종속변수 y의 변동 비율
수정된 결정계수	결정계수의 단점을 보정한 것으로, 적절하지 않은 변수들을 추가할수록 수정된 결정계수의 값은 감소하고, 모형에 유용한 변수들을 추가할수록 수정된 결정계수의 값은 증가
RMSE	평균 제곱근 오차
MAPE	평균 절대 백분율 오차

따라하기

```python
import numpy as np
from  sklearn.metrics  import  mean_absolute_error,  mean_squared_error,
r2_score

# 예시 데이터
y_true = [3, 5, 7, 9, 11]
y_pred = [2.8, 5.2, 6.8, 9.3, 11.5]

# MAE 계산
mae = mean_absolute_error(y_true, y_pred)
# MSE 계산
mse = mean_squared_error(y_true, y_pred)
# RMSE 계산
rmse = np.sqrt(mse)
# R2 계산
r2 = r2_score(y_true, y_pred)
```

```
print("MAE:", mae)
print("MSE:", mse)
print("RMSE:", rmse)
print("R2:", r2)
```

```
MAE: 0.28000000000000025
MSE: 0.09200000000000012
RMSE: 0.3033150177620622
R2: 0.9884999999999999
```

2. 회귀분석

● 하나 이상의 독립변수들이 종속변수에 미치는 영향을 파악할 수 있는 통계 기법이다.

● 데이터 속의 변수들 사이의 인과관계를 나타내며, 종속변수를 예측 또는 추론하기 위한 분석 방법이다.

종류	설명	클래스
다중선형회귀모델 (Multiple Linear Regression)	• 두 개 이상의 독립변수가 한 개의 종속변수 y에 영향을 미치는 회귀분석 • $y_i = \beta_0 + \beta_1 x_i + \cdots + \epsilon_i$	Linear Regression()
의사결정나무(회귀) (Decision Tree Regression)	분할 기준 속성을 선정하고 이에 따라 트리 형태로 모델링하는 분류 및 예측 모델	DecisionTreeRegressor()
엘라스틱넷 (LeasticNet)	• L1, L2 규제를 함께 결합한 모델이다. • 주로 피처가 많은 데이터 셋에서 적용되며, L1 규제로 피처의 개수를 줄임과 동시에 L2 규제로 계수 값의 크기를 조정한다.	ElasticNet()

(1) 회귀(Regression) 분석 예제

● 회귀(Regression) 분석을 통하여 자전거 대여 횟수를 예측한다.

* 출처: kaggle datasets download -d lakshmi25npathi/bike-sharing-dataset

데이터 가져오기

Part2/2유형 폴더의 hour.csv 파일을 코랩 세션저장소에 업로드한다.

● 데이터 셋 설명

변수명	설명
nstant	기록번호
dteday	날짜
season	계절 (1: 봄, 2: 여름, 3: 가을, 4: 겨울)
yr	연도 (0: 2011, 1:2012)
mnth	월 (1 ~ 12)
hr	시간 (0 ~ 23)
holiday	휴일(0/1)
weekday	요일
workingday	평일(0/1)
weathersit	1: 맑거나 조금 흐림 2: 안개 및 흐림 3: 가벼운 눈, 비 4: 많은 비, 눈, 뇌우
temp	0에서 1까지의 표준화된 섭씨 온도(최저기온: −8, 최고기온: 39)
atemp	0에서 1까지의 표준화된 섭씨 체감온도(최저기온: −16, 최고기온: 50)
hum	0에서 1까지 표준화된 습도(예: 0.3 = 30%)
windspeed	표준화된 풍속(최고속도: 67)
casual	비회원의 자전거 대여 횟수
registered	등록회원의 자전거 대여 횟수
cnt	비회원 및 등록회원의 총 자전거 대여 횟수

데이터 파악

데이터 전처리를 위하여 데이터의 구조와 분포를 확인한다.

 따라하기

```
import numpy as np
import pandas as pd
import seaborn as sns
```

① 데이터 셋 가져오기

따라하기

```
bike = pd.read_csv('hour.csv')

bike.head(5)
```

실행 결과

	instant	dteday	season	yr	mnth	hr	holiday	weekday	workingday	weathersit	temp	atemp	hum	windspeed	casual	registered	cnt
0	1	2011-01-01	1	0	1	0	0	6	0	1	0.24	0.2879	0.81	0.0	3	13	16
1	2	2011-01-01	1	0	1	1	0	6	0	1	0.22	0.2727	0.80	0.0	8	32	40
2	3	2011-01-01	1	0	1	2	0	6	0	1	0.22	0.2727	0.80	0.0	5	27	32
3	4	2011-01-01	1	0	1	3	0	6	0	1	0.24	0.2879	0.75	0.0	3	10	13
4	5	2011-01-01	1	0	1	4	0	6	0	1	0.24	0.2879	0.75	0.0	0	1	1

● bike 데이터프레임의 구조와 변수를 확인한다.

② 컬럼 확인

따라하기

```
bike.columns
```

실행 결과

```
Index(['instant', 'dteday', 'season', 'yr', 'mnth', 'hr', 'holiday', 'weekday',
       'workingday', 'weathersit', 'temp', 'atemp', 'hum', 'windspeed',
       'casual', 'registered', 'cnt'],
     dtype='object')
```

● bike 데이터 프레임의 컬럼명을 확인한다.

따라하기

```
bike.info()
```

```
<class 'pandas.core.frame.DataFrame'>
RangeIndex: 17379 entries, 0 to 17378
Data columns (total 17 columns):
 #   Column       Non-Null Count    Dtype
---  ------       --------------    -----
 0   instant      17379 non-null    int64
 1   dteday       17379 non-null    object
 2   season       17379 non-null    int64
 3   yr           17379 non-null    int64
 4   mnth         17379 non-null    int64
 5   hr           17379 non-null    int64
 6   holiday      17379 non-null    int64
 7   weekday      17379 non-null    int64
 8   workingday   17379 non-null    int64
 9   weathersit   17379 non-null    int64
 10  temp         17379 non-null    float64
 11  atemp        17379 non-null    float64
 12  hum          17379 non-null    float64
 13  windspeed    17379 non-null    float64
 14  casual       17379 non-null    int64
 15  registered   17379 non-null    int64
 16  cnt          17379 non-null    int64
dtypes: float64(4), int64(12), object(1)
memory usage: 2.3+ MB
```

● 각 변수의 유형을 확인한다. dteday 변수를 제외하고는 전부 숫자형 변수인 것을 확인할 수 있다.

```
bike.describe()
```

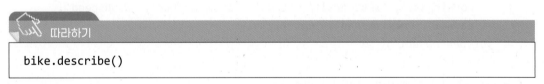

	instant	season	yr	mnth	hr	holiday	weekday	workingday	weathersit	temp	atemp	hum	windspeed	casual	registered	cnt
count	17379.0000	17379.000000	17379.000000	17379.000000	17379.000000	17379.000000	17379.000000	17379.000000	17379.000000	17379.000000	17379.000000	17379.000000	17379.000000	17379.000000	17379.000000	17379.000000
mean	8690.0000	2.501640	0.502561	6.537775	11.546752	0.028770	3.003683	0.682721	1.425283	0.496987	0.475775	0.627229	0.190098	35.676218	153.786869	189.463088
std	5017.0295	1.106918	0.500008	3.438776	6.914405	0.167165	2.005771	0.465431	0.639357	0.192556	0.171850	0.192930	0.122340	49.305030	151.357286	181.387599
min	1.0000	1.000000	0.000000	1.000000	0.000000	0.000000	0.000000	0.000000	1.000000	0.020000	0.000000	0.000000	0.000000	0.000000	0.000000	1.000000
25%	4345.5000	2.000000	0.000000	4.000000	6.000000	0.000000	1.000000	0.000000	1.000000	0.340000	0.333400	0.480000	0.104500	4.000000	34.000000	40.000000
50%	8690.0000	3.000000	1.000000	7.000000	12.000000	0.000000	3.000000	1.000000	1.000000	0.500000	0.484800	0.630000	0.194000	17.000000	115.000000	142.000000
75%	13034.5000	3.000000	1.000000	10.000000	18.000000	0.000000	5.000000	1.000000	2.000000	0.660000	0.621200	0.780000	0.253700	48.000000	220.000000	281.000000
max	17379.0000	4.000000	1.000000	12.000000	23.000000	1.000000	6.000000	1.000000	4.000000	1.000000	1.000000	1.000000	0.850700	367.000000	886.000000	977.000000

● 데이터 셋의 기초 정보를 확인한다.

데이터 전처리

① 불필요한 변수 제거하기

● 기록정보인 instant 인덱스는 이름과 같은 변수로 분석에 유의미한 영향을 주지 않아 제거하기로 한다.

 따라하기

```
# 기록정보(instant) 인덱스 제거
bike = bike.drop(['instant'], axis = 1)
bike.head(5)
```

실행 결과

	dteday	season	yr	mnth	hr	holiday	weekday	workingday	weathersit	temp	atemp	hum	windspeed	casual	registered	cnt
0	2011-01-01	1	0	1	0	0	6	0	1	0.24	0.2879	0.81	0.0	3	13	16
1	2011-01-01	1	0	1	1	0	6	0	1	0.22	0.2727	0.80	0.0	8	32	40
2	2011-01-01	1	0	1	2	0	6	0	1	0.22	0.2727	0.80	0.0	5	27	32
3	2011-01-01	1	0	1	3	0	6	0	1	0.24	0.2879	0.75	0.0	3	10	13
4	2011-01-01	1	0	1	4	0	6	0	1	0.24	0.2879	0.75	0.0	0	1	1

- bike = bike.drop(['instant'], axis = 1)는 'instant' 열을 삭제하는 메서드로 'axis=1' 은 열 방향으로 작업을 수행한다는 것을 의미한다.

- 이를 다시 bike 데이터 프레임에 할당해 bike에서 'instant' 열이 삭제된 것을 확인할 수 있다.

● 날짜 인덱스는 이미 연도와 월로 나눠져 있기에 제거해도 된다고 판단하여, 'dteday' 인덱스를 제거한다.

 따라하기

```
# 날짜 인덱스 제거
bike = bike.drop(['dteday'], axis = 1)
bike.head(5)
```

실행 결과

	season	yr	mnth	hr	holiday	weekday	workingday	weathersit	temp	atemp	hum	windspeed	casual	registered	cnt
0	1	0	1	0	0	6	0	1	0.24	0.2879	0.81	0.0	3	13	16
1	1	0	1	1	0	6	0	1	0.22	0.2727	0.80	0.0	8	32	40
2	1	0	1	2	0	6	0	1	0.22	0.2727	0.80	0.0	5	27	32
3	1	0	1	3	0	6	0	1	0.24	0.2879	0.75	0.0	3	10	13
4	1	0	1	4	0	6	0	1	0.24	0.2879	0.75	0.0	0	1	1

- bike에서 dteday 열이 삭제된 것을 확인할 수 있다.

● 이번 분석에서는 총 대여횟수를 타겟으로 분석할 것이기에, 비회원과 회원의 대여횟수인 'casual', 'registered' 변수 또한 삭제한다.

 따라하기

```
# 대여횟수 인덱스 제거
bike = bike.drop(['casual','registered'], axis = 1)
bike.head(5)
```

실행 결과

	season	yr	mnth	hr	holiday	weekday	workingday	weathersit	temp	atemp	hum	windspeed	cnt
0	1	0	1	0	0	6	0	1	0.24	0.2879	0.81	0.0	16
1	1	0	1	1	0	6	0	1	0.22	0.2727	0.80	0.0	40
2	1	0	1	2	0	6	0	1	0.22	0.2727	0.80	0.0	32
3	1	0	1	3	0	6	0	1	0.24	0.2879	0.75	0.0	13
4	1	0	1	4	0	6	0	1	0.24	0.2879	0.75	0.0	1

– 'casual','registered' 열이 삭제된 것을 확인할 수 있다.

② Dummy 변수 도입하기

● pd.get_dummies()를 활용한다.

● 범주형 데이터인 'season', 'hr', 'weekday', 'weathersit', 'workingday'를 dummy 변수를 도입하여 수치형 데이터로 변경하고자 한다.

 따라하기

```
# 범주형 데이터 목록
category_list = ['season', 'hr', 'weekday', 'weathersit', 'workingday']

# 백업 데이터 생성
bike_dummy = bike.copy()
```

– category_list에 있는 열들에 대해 get_dummies 함수를 사용하여 더미 변수를 생성하고 drop_first=True로 설정하여 첫 번째 더미 변수 열을 삭제한다.

– 원래 데이터프레임의 복사본인 'bike_dummy'에 기존의 범주형 열들을 삭제한 후, 더미 변수 열들을 추가하여 새로운 데이터프레임을 생성한다.

```
['atemp', 'cnt', 'holiday', 'hr', 'hr_0', 'hr_1', 'hr_10', 'hr_11', 'hr_12',
'hr_13', 'hr_14', 'hr_15', 'hr_16', 'hr_17', 'hr_18', 'hr_19', 'hr_2', 'hr_20',
'hr_21', 'hr_22', 'hr_23', 'hr_3', 'hr_4', 'hr_5', 'hr_6', 'hr_7', 'hr_8',
'hr_9', 'hum', 'mnth', 'mnth_1', 'mnth_10', 'mnth_11', 'mnth_12', 'mnth_2',
'mnth_3', 'mnth_4', 'mnth_5', 'mnth_6', 'mnth_7', 'mnth_8', 'mnth_9', 'season',
'season_1', 'season_2', 'season_3', 'season_4', 'temp', 'weathersit',
'weathersit_1', 'weathersit_2', 'weathersit_3', 'weathersit_4', 'weekday',
'weekday_0', 'weekday_1', 'weekday_2', 'weekday_3', 'weekday_4', 'weekday_5',
'weekday_6', 'windspeed', 'workingday', 'workingday_0', 'workingday_1', 'yr']
```

> **더 알아보기**
>
> **방법 추가**
>
> # 모든 범주형 열들에 대한 더미 변수를 한 번에 처리하는 방법이다.
>
> ```
> for category in category_list:
>     dummies = pd.get_dummies(bike_dummy[category], prefix = category, drop_first = False)
>     bike_dummy = pd.concat([bike_dummy, dummies], axis = 1)
> ```
>
> # bike_dummy의 컬럼명 출력
> ```
> print(sorted(bike_dummy.columns.values))
> ```
>
> - for 루프는 'category_list'에 있는 각 범주형 열을 순회하므로 pd.get_dummies 함수를 사용하여 해당 범주형 열에 대한 더미 변수를 생성한다.
> - prefix 매개변수를 사용하여 더미 변수 열의 이름에 접두어를 추가한다.
> - 생성된 더미 변수를 pd.concat 함수를 사용하여 'bike_dummy' 데이터프레임에 추가한다.

③ 훈련 데이터와 테스트 데이터로 분할하기

따라하기

```
from sklearn.model_selection import train_test_split

y_target_d = bike_dummy['cnt']
X_features_d = bike_dummy.drop(['cnt'], axis = 1, inplace = False)

X_train_d, X_test_d, y_train_d, y_test_d = train_test_split(X_features_d,
y_target_d, test_size=0.3, random_state=1)
```

● train_test_split 함수는 데이터를 훈련 셋과 테스트 셋으로 분할한다. 'X_features_d'와 'y_target_d'를 인자로 넣고, test_size 매개변수를 사용하여 테스트 셋의 비율을 설정한다.

- 'X_train_d'와 'y_train_d'는 훈련 셋의 독립 변수와 종속 변수가 되고, 'X_test_d'와 'y_test_d'는 테스트 셋의 독립 변수와 종속 변수가 된다.

모델 학습하기

 따라하기

```
from sklearn.linear_model import LinearRegression

lr = LinearRegression()

lr.fit(X_train, y_train)

pred = lr.predict(X_test)
```

- lr = LinearRegression()은 선형 회귀 모델 객체를 생성한다. 이 객체는 선형 회귀 모델의 기능과 메서드를 사용할 수 있게 해 준다.
- lr.fit(X_train, y_train)로 훈련 데이터인 'X_train'과 'y_train'을 사용하여 모델을 학습시킨다.
- pred = lr.predict(X_test)는 테스트 데이터인 'X_test'에 대한 예측을 수행하고, 예측 결과를 'pred' 변수에 저장한다.

모델 평가하기

회귀모형이므로 MSE와 RMSE, R^2로 모델의 성능을 확인한다.

따라하기

```
from sklearn.metrics import mean_squared_error , r2_score
mse = mean_squared_error(y_test_d, pred)

# RSME 방식
rmse = np.sqrt(mse)
print('MSE : {0:.3f} , RMSE : {1:.3F}'.format(mse, rmse))

# R²의 분산 지표
print('r2_score : {0:.3f}'.format(r2_score(y_test_d, pred)))
```

```
MSE : 20863.800 , RMSE : 144.443
r2_score : 0.392
```

● mean_squared_error(y_test, pred) 함수는 테스트 데이터의 실제 종속 변수 값 'y_test_d'
와 모델의 예측값 'pred' 사이의 평균 제곱 오차를 계산한다.

● np.sqrt(mse)는 MSE를 이용하여 평균 제곱근 오차인 RMSE를 계산한다.

● r2_score(y_test_d, pred) 함수는 결정 계수를 계산한다.

● 결과를 출력할 때, 소수점 셋째 자리까지 나타내기 위해 '{0:.3f}'와 같은 형식 문자열을 사용
한다.

3. 분류(Classfication)

(1) 분류모델

● 분류모델이란 범주형 변수 혹은 이산형 변수 등의 범주를 측정하여 사전에 정해진 그룹이나
범주 중의 하나로 분류하는 모델이다.

● 학습 데이터로 주어진 'Feature'와 'Label' 간의 관계를 학습하여 모델을 생성한다.

● 학습된 모델은 새로운 '입력 데이터'가 주어졌을 때, 어느 범주에 속한 데이터인지 예측하여
사전에 구성된 '정답' 중 하나로 분류한다.

종류	설명	클래스
로지스틱 회귀 (Logistic Regression)	독립변수와 종속변수의 선형 관계에 따른 로지스틱 회귀	LogisticRegression()
의사결정나무(Decision Tree)	의사결정나무(Decision Tree) 모형은 의사결정 규칙을 나무(Tree) 구조로 도표화하여 분류 및 예측을 수행하는 지도학습 알고리즘	DecisionTreeClassifier()
랜덤 포레스트 Random Forest	트리 모델을 다수 형성하여 이를 학습하는 앙상블 기법	RandomForestClassifier()
KNN (K-Nearest Neighbor)	새로운 데이터가 주어졌을 때 이를 A 또는 B로 분류	KNeighborsClassifier()
xgboost (Extreme Gradient Boosting)	의사결정나무 모형을 기반으로 잔차를 이용하여 이전 모형의 약점을 보완하는 방식으로 학습하는 알고리즘	import xgboost as xgb xgb.XGBClassifier()

(2) Decision Tree(의사결정나무)

● iris 데이터 셋을 활용하여 어떠한 종인지 예측하는 모델을 생성한다.

● iris 데이터 셋은 각 샘플이 세 가지 종류의 붓꽃 중 어떠한 종류인지 나타내는 Label을 갖고 있다.

● 다섯 가지의 변수로 붓꽃의 품종을 예측하는 의사결정나무 모델을 생성한다.

> **데이터 가져오기**
>
> Part2/2유형 폴더의 iris.csv 파일을 🔼코렙 세션저장소에 업로드한다.

Sepal Length	꽃받침의 길이
Sepal Width	꽃받침의 너비
Petal Length	꽃잎의 길이
Petal Width	꽃잎의 너비
Species	꽃의 종류

데이터 확인

따라하기

```
import pandas as pd

iris = pd.read_csv('iris.csv')
iris
```

실행 결과

	SepalLength	SepalWidth	PetalLength	PetalWidth	Species
0	5.1	3.5	1.4	0.2	setosa
1	4.9	3.0	1.4	0.2	setosa
2	4.7	3.2	1.3	0.2	setosa
3	4.6	3.1	1.5	0.2	setosa
4	5.0	3.6	1.4	0.2	setosa
...	...	...	...	...	...
145	6.7	3.0	5.2	2.3	virginica
146	6.3	2.5	5.0	1.9	virginica
147	6.5	3.0	5.2	2.0	virginica
148	6.2	3.4	5.4	2.3	virginica
149	5.9	3.0	5.1	1.8	virginica

● 데이터프레임명.columns

 따라하기

```
iris.columns
```

실행 결과

```
Index(['SepalLength', 'SepalWidth', 'PetalLength', 'PetalWidth', 'Species'], dtype='object')
```

– iris의 컬럼명을 파악한다.

 따라하기

```
iris.info()
```

실행 결과

```
<class 'pandas.core.frame.DataFrame'>
RangeIndex: 150 entries, 0 to 149
Data columns (total 5 columns):
 #   Column        Non-Null Count   Dtype
---  ------        --------------   -----
 0   SepalLength   150 non-null     float64
 1   SepalWidth    150 non-null     float64
 2   PetalLength   150 non-null     float64
 3   PetalWidth    150 non-null     float64
 4   Species       150 non-null     object
dtypes: float64(4), object(1)
memory usage: 6.0+ KB
```

– iris는 결측값이 없고 종속변수인 Speices는 문자형 데이터인 것을 확인할 수 있다.

 따라하기

```
iris.describe()
```

	SepalLength	SepalWidth	PetalLength	PetalWidth
count	150.000000	150.000000	150.000000	150.000000
mean	5.843333	3.057333	3.758000	1.199333
std	0.828066	0.435866	1.765298	0.762238
min	4.300000	2.000000	1.000000	0.100000
25%	5.100000	2.800000	1.600000	0.300000
50%	5.800000	3.000000	4.350000	1.300000
75%	6.400000	3.300000	5.100000	1.800000
max	7.900000	4.400000	6.900000	2.500000

- iris의 기초통계량을 확인한다.

데이터 셋 나누기

따라하기

```
# X와 Y분할
X = iris.iloc[:, :-1]
Y = iris.iloc[:, -1]

class_name = ['virginica', 'setosa', 'versicolor']

from sklearn.model_selection import train_test_split
# 데이터의 분할
X_train, X_test, y_train, y_test = train_test_split(X, Y, test_size = 0.3,
random_state = 0, stratify = Y)

# Class 별 분리 확인
print(y_train.value_counts()/y_train.shape[0] * 100)
```

```
virginica        33.333333
setosa           33.333333
versicolor       33.333333
Name: Species, dtype: float64
```

- X = iris.iloc[:, :-1]와 Y = iris.iloc[:, -1]는 독립 변수와 종속 변수를 나누는 과정으로 'Y' 인 'Species'는 마지막 열에 속해 있기에 iloc을 활용하여 분리한다.

- test_size는 0.3으로 7:3으로 분리함을 나타내며, random_state는 재현 가능한 결과를 얻기 위해 설정된다. stratify=Y는 클래스별로 고르게 분포하는 데이터를 유지하도록 샘플링하는 것을 의미한다.

- 훈련 셋 내에서 클래스별로 일정하게 분리되어 있는 것을 확인할 수 있다.

모델 학습하기

- random_state: 데이터 셋이나 모델에 임의의 시드값을 붙이는 작업

따라하기

```
# 의사 결정 나무 불러오기
from sklearn.tree import DecisionTreeClassifier
model = DecisionTreeClassifier(criterion='entropy', random_state=1)

# 트리에 넣어 학습
model.fit(X_train , y_train)

# 테스트 데이터에 대한 예측
y_pred = model.predict(X_test)
```

- criterion 매개변수는 노드 분할 기준을 지정하며 'entropy'는 엔트로피를 사용한 정보 이득을 나타낸다.

- model.fit(X_train, y_train)는 훈련 데이터를 이용하여 의사 결정 트리 모델을 학습시킨다.

따라하기

```
from sklearn.metrics import accuracy_score, precision_score, recall_score,
f1_score, roc_auc_score

# 평가지표 계산
accuracy = accuracy_score(y_test, y_pred)
precision = precision_score(y_test, y_pred, average='macro')
recall = recall_score(y_test, y_pred, average='macro')
f1 = f1_score(y_test, y_pred, average='macro')
roc_auc      =      roc_auc_score(y_test,      model.predict_proba(X_test),
multi_class='ovr')

# 평가지표 출력
print(f"Accuracy: {accuracy:.3f}")
print(f"Precision: {precision:.3f}")
print(f"Recall: {recall:.3f}")
print(f"F1 Score: {f1:.3f}")
print(f"AUC-ROC Score: {roc_auc:.3f}"
```

실행 결과

```
Accuracy: 0.911
Precision: 0.911
Recall: 0.911
F1 Score: 0.911
AUC-ROC Score: 0.933
```

- accuracy_score 함수는 정확도를 계산한다.

- precision_score 함수는 정밀도를 계산한다.

- recall_score 함수는 재현율을 계산한다.

- f1_score 함수는 F1 점수를 계산하며, 정밀도와 재현율의 조화 평균을 나타낸다.

- roc_auc_score 함수는 AUC-ROC 점수를 계산한다.

(3) 랜덤포레스트

데이터 불러오기

 데이터 가져오기

Part2/2유형 폴더의 iris.csv 파일을 코랩 세션저장소에 업로드한다.

따라하기

```python
import pandas as pd
iris = pd.read_csv('iris.csv')

iris
```

실행 결과

	SepalLength	SepalWidth	PetalLength	PetalWidth	Species
0	5.1	3.5	1.4	0.2	setosa
1	4.9	3.0	1.4	0.2	setosa
2	4.7	3.2	1.3	0.2	setosa
3	4.6	3.1	1.5	0.2	setosa
4	5.0	3.6	1.4	0.2	setosa
...	...	...	...	...	...
145	6.7	3.0	5.2	2.3	virginica
146	6.3	2.5	5.0	1.9	virginica
147	6.5	3.0	5.2	2.0	virginica
148	6.2	3.4	5.4	2.3	virginica
149	5.9	3.0	5.1	1.8	virginica

따라하기

```python
# X와 Y 분할
X = iris.iloc[:, :-1]
Y = iris.iloc[:, -1]

X_train, X_test, y_train, y_test = train_test_split(X, Y, test_size = 0.3,
random_state = 0, stratify = Y)
```

● train_test셋을 7:3으로 분리한다.

따라하기

```
from sklearn.ensemble import RandomForestClassifier

rf = RandomForestClassifier(random_state = 0)

# 랜덤 포레스트 학습
rf.fit(X_train, y_train)
```

실행 결과

```
    ▼          RandomForestClassifier
RandomForestClassifier(random_state=0)
```

● 랜덤 포레스트를 rf라는 변수에 객체화하고 랜덤 포레스트를 학습한다.

결과 확인 및 정확도 측정

따라하기

```
from sklearn.metrics import accuracy_score, precision_score, recall_score, f1_score, roc_auc_score

# 모델 예측
y_pred = rf.predict(X_test)

# 평가지표 계산
accuracy = accuracy_score(y_test, y_pred)
precision = precision_score(y_test, y_pred, average='macro')
recall = recall_score(y_test, y_pred, average='macro')
f1 = f1_score(y_test, y_pred, average='macro')
roc_auc = roc_auc_score(y_test, rf.predict_proba(X_test), multi_class='ovr')

print(f"Accuracy: {accuracy:.3f}")
print(f"Precision: {precision:.3f}")
print(f"Recall: {recall:.3f}")
print(f"F1 Score: {f1:.3f}")
```

```
Accuracy: 0.956
Precision: 0.961
Recall: 0.939
F1 Score: 0.946
```

하이퍼 파라미터 수정

- n_estimaters = 학습의 횟수

- max_depth = 트리의 최대 깊이

- random_state = 시드값

따라하기

```
rf_1 = RandomForestClassifier(n_estimators = 10,   # 10번 추정
                              max_depth = 2,       # 트리 최대 깊이 2
                              random_state = 1)

rf_1.fit(X_train, y_train)

# 예측 결과를 pred_1 변수에 담기
pred_1 = rf_1.predict(X_test)
accuracy = accuracy_score(y_test, pred_1)

accuracy
```

실행 결과

```
0.8888888888888888
```

– n_estimaters를 10, max_depth = 2로 하이퍼 파라미터를 조정하여 예측 결과를 pred_1 변수에 담고 평가한 결과 accuracy가 약 0.89로 하락한 것을 확인할 수 있다.

```
rf_2 = RandomForestClassifier(n_estimators = 50,    # 500번 추정
                              max_depth = 3,         # 트리 최대 깊이 3
                              random_state = 1)

rf_2.fit(X_train, y_train)

pred_2 = rf_2.predict(X_test)
accuracy = accuracy_score(y_test, pred_2)

accuracy
```

실행 결과

```
0.9555555555555556
```

- n_estimaters를 50, max_depth = 3로 하이퍼 파라미터를 조정하여 예측 결과를 pred_2 변수에 담고 평가한 결과 accuracy가 증가한 것을 확인할 수 있다.

02 | 예제

1. 제2유형 문제 예제

아래는 백화점 고객의 1년간 구매데이터이다.

(가) 제공 데이터 목록

● y_train.csv: 고객의 성별 데이터(학습용)

● X_train.csv, X_test.csv: 고객의 상품구매 속성(학습용 및 평가용)

(나) 데이터 형식 및 내용

● y_train.csv(3,500명 데이터)

	Cust_id	Gender
0	0	0
1	1	0
2	2	0
3	3	1
4	4	1
5	5	0
6	6	0
7	7	0
8	8	0
9	9	1

* cust_id: 고객 ID

* gender: 고객의 성별(0:여자, 1:남자)

2. X_train.csv(3,500명 데이터), X_test.csv(2,482명 데이터)

	Cust_id	총구매액	최대구매액	환불금액	주구매상품	주구매지점	내점일수	내점당구매건수	주말방문비율	구매주기
0	0	682826840	11264000	6860000	기타	강남점	19	3.894737	0.5270	17
1	1	213500	2136000	300000	스포츠	잠실점	2	1.500000	0.0000	1
2	2	32197000	11539000	NaN	기타	관악점	2	2.000000	0.0000	1
3	3	16077620	4935000	NaN	기타	광주점	19	2.444444	0.3182	18
4	4	29052000	2400000	NaN	기타	본점	2	1.500000	0.2000	85
5	5	1137000	955200	462000	디자이너	일산점	3	1.658667	0.3333	42
6	6	10056000	7512000	4582000	시티웨어	강남점	5	2.400000	0.2289	42
7	7	514570080	27104000	29624000	명품	본점	63	2.634921	0.4112	5
8	8	688243360	17308600	NaN	기타	본점	19	5.944444	0.2000	15
9	9	6244033285	13726000	NaN	농산물	대전점	1	12.000000	0.0000	0

고객 3,500명에 대한 학습용 데이터(y_train.csv, X_train.csv)를 이용하여 성별예측 모형을 만든 후 이를 평가용 데이터(X_test.csv)에 적용하여 얻은 2,482명 고객의 성별 예측값(남자일 확률)을 다음과 같은 형식의 CSV 파일로 생성하시오.(제출한 모델의 성능은 ROC-AUC 평가지표에 따라 채점)

유의사항

- 성능이 우수한 예측모형을 구축하기 위해서는 적절한 데이터 전처리, Feature Engineering, 분류 알고리즘 사용, 초매개변수 최적화, 모형 앙상블 등이 수반되어야 한다.
- 이름.csv(예:0000.csv) 파일이 만들어지도록 코드를 제출한다.
- 제출한 모델의 성능은 ROC-AUC 평가지표에 따라 채점한다.

3. 연습문제 1: 회귀모형

* 출처: kaggle datasets download -d schirmerchad/bostonhoustingmlnd

> **데이터 가져오기**
>
> Part2/2유형/housing 폴더의
> X_train_Boston.csv,
> y_train_Boston.csv,
> X_test_Boston.csv
> 파일을 🔼코렙 세션저장소에 업로드한다.

보스턴 시의 주택 가격에 대한 데이터이다. 주택의 여러가진 요건들과 주택의 가격 정보가 포함되어 있다.

(가) 제공 데이터 목록

● y_train.csv: 보스턴 주택 가격(학습용)

● X_train.csv, X_test.csv: 주택의 속성(학습용 및 평가용)

(나) 데이터 형식 및 내용

● y_train.csv 보스턴 주택 가격(평가용)

	MEDV
0	26.7
1	21.7
2	22.0
3	22.9
4	10.4
...	...
399	18.5
400	36.4
401	19.2
402	16.6
403	23.1

- X_train.csv, X_test.csv

  집값 예측 모형을 만든 후, 이를 평가용 데이터(X_test.csv)에 적용하여 얻은 예측값을 다음과 같은 형식의 CSV 파일로 생성하시오.

	CRIM	ZN	INDUS	CHAS	NOX	RM	AGE	DIS	RAD	TAX	PTRATIO	LSTAT
0	0.35809	0.0	6.20	1	0.507	6.951	88.5	2.8617	8	307	17.4	9.71
1	0.15876	0.0	10.81	0	0.413	5.961	17.5	5.2873	4	305	19.2	9.88
2	0.11329	30.0	4.93	0	0.428	6.897	54.3	6.3361	6	300	16.6	11.38
3	0.08829	12.5	7.87	0	0.524	6.012	66.6	5.5605	5	311	15.2	12.43
4	25.94060	0.0	18.10	0	0.679	5.304	89.1	1.6475	24	666	20.2	26.64
...	...	...	...		...	...	...	...	...	...	...	...
399	0.28392	0.0	7.38	0	0.493	5.708	74.3	4.7211	5	287	19.6	11.74
400	0.08664	45.0	3.44	0	0.437	7.178	26.3	6.4798	5	398	15.2	2.87
401	0.15098	0.0	10.01	0	0.547	6.021	82.6	2.7474	6	432	17.8	10.30
402	0.22927	0.0	6.91	0	0.448	6.030	85.5	5.6894	3	233	17.9	18.80
403	0.13914	0.0	4.05	0	0.510	5.572	88.5	2.5961	5	296	16.6	14.69

변수명	내용
CRIM	자치시(town)별 1인당 범죄율
ZN	25,000평방피트를 초과하는 거주 지역의 비율
INDUS	비소매상업지역이 점유하는 토지 비율
CHAS	찰스강 경계에 위치한 경우는 1, 아니면 0
NOX	10ppm당 농축 일산화질소
RM	주택 1가구당 평균 방의 개수
AGE	1940년 이전에 건축된 소유주택의 비율
DIS	5개의 보스턴 직업센터까지의 접근성 지수
RAD	방사형 도로까지의 접근성 지수
TAX	10,000달러당 재산세율
PTRATIO	자치시(town)별 학생/교사 비율
LSTAT	모집단의 하위계층의 비율(%)
MEDV	본인 소유의 주택 가격(중앙값) (단위: $1,000)

해설

- 해당 데이터 셋은 정제가 완료된 데이터 셋으로 간주하며, 선형회귀모델을 사용하여 분석한다.
- 전처리 및 사용하는 모델에 따라 분석 결과는 달라질 수 있다.

● MSE, RMSE를 평가지표로 한다.

① 데이터 확인

```
import pandas as pd
from sklearn.linear_model import LogisticRegression

x_train = pd.read_csv('X_train_Boston.csv')
y_train = pd.read_csv('y_train_Boston.csv')

# 평가용 데이터 로드
x_test = pd.read_csv('X_test_Boston.csv')
```

● 데이터 셋을 불러와 각각 X_train, y_train, X_test, y_test에 저장한다.

```
x_train.info()
```

```
<class 'pandas.core.frame.DataFrame'>
RangeIndex: 404 entries, 0 to 403
Data columns (total 12 columns):
 #   Column  Non-Null Count  Dtype
---  ------  --------------  -----
 0   CRIM    404 non-null    float64
 1   ZN      404 non-null    float64
 2   INDUS   404 non-null    float64
 3   CHAS    404 non-null    int64
 4   NOX     404 non-null    float64
 5   RM      404 non-null    float64
 6   AGE     404 non-null    float64
 7   DIS     404 non-null    float64
 8   RAD     404 non-null    int64
 9   TAX     404 non-null    int64
 10  PTRATIO 404 non-null    float64
 11  LSTAT   404 non-null    float64
dtypes: float64(9), int64(3)
memory usage: 38.0 KB
```

● x_train 데이터 셋에는 결측값 및 문자열 형태가 없는 것을 확인한다.

② 데이터 모델링

```python
from sklearn.model_selection import train_test_split
# 훈련 데이터와 테스트 데이터 분리
X_train, X_test, y_train, y_test = train_test_split(x_train, y_train, test_size=0.2,
random_state=42)

print("X_train shape:", X_train.shape)
print("X_test shape:", X_test.shape)
print("y_train shape:", y_train.shape)
print("y_test shape:", y_test.shape)
```

실행 결과

```
X_train shape: (323, 12)
X_test shape: (81, 12)
y_train shape: (323, 1)
y_test shape: (81, 1)
```

```python
from sklearn.linear_model import LinearRegression

model = LinearRegression()
model.fit(X_train, y_train)
```

실행 결과

```
▼ LinearRegression
LinearRegression()
```

- 선형회귀모델 객체를 생성하고 훈련 데이터인 'X_train'과 'y_train'을 사용하여 모델을 학습한다.

③ 평가

```
# 학습용 데이터에 대한 예측
y_train_pred = model.predict(X_train)
# 평가용 데이터에 대한 예측
y_test_pred = model.predict(x_test)[:81]
```

● 학습용 데이터에 대한 예측과 평가용 데이터에 대한 예측을 각각 y_train_pred, y_test_pred에 저장한다.

● 이는 학습 데이터와 평가 데이터에 대해 얼마나 잘 작동하는지 평가하는 데 사용될 수 있다.

```
import numpy as np
from sklearn.metrics import mean_squared_error , r2_score

# MSE, RSME
mse = mean_squared_error(y_test, pred)
rmse = np.sqrt(mse)
print('MSE : {0:.3f} , RMSE : {1:.3F}'.format(mse, rmse))

# 결정계수
print('Variance score : {0:.3f}'.format(r2_score(y_test, pred)))
```

실행 결과
```
MSE : 33.449 , RMSE : 5.784
Variance score : 0.589
```

● MSE, RMSE, 결정계수를 평가지표로 하여 그 결과를 확인한다.

```
import pandas as pd
import matplotlib.pyplot as plt

# 예측 결과 시각화
plt.figure(figsize=(10, 6))

plt.scatter(y_train, y_train_pred, color='blue', alpha=0.5, label='Training Data')
plt.scatter(y_test, y_test_pred, color='red', alpha=0.5, label='Test Data')

plt.plot([0, 50], [0, 50], 'k--')

plt.xlabel('Actual Values')
plt.ylabel('Predicted Values')
plt.title('Actual vs. Predicted Values')
plt.legend()
plt.show()
```

실행 결과

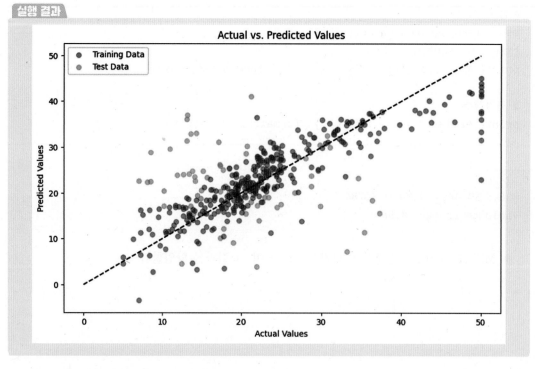

● 생성한 회귀모델을 시각화한 결과이다.

4. 연습문제 2: 분류모형

* 출처 : kaggle datasets download -d heptapod/titanic

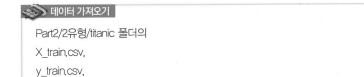

Part2/2유형/titanic 폴더의
X_train.csv,
y_train.csv,
X_test.csv
파일을 🔼코랩 세션저장소에 업로드한다.

아래는 타이타닉 승객의 생존 여부 데이터 셋이다.

(가) 제공 데이터 목록

● y_train.csv: 승객의 생존 여부(학습용)

● X_train.csv, X_test.csv: 승객의 속성(학습용 및 평가용)

(나) 데이터 형식 및 내용

● y_train.csv: 승객의 생존 여부(평가용)

	Survived
0	0
1	0
2	0
3	0
4	0
...	...
707	1
708	0
709	0
710	1
711	0

- X_train.csv: 승객의 속성

	Pclass	Sex	Age	SibSp
0	1	1	45.500000	0
1	2	1	23.000000	0
2	3	1	32.000000	0
3	3	1	26.000000	1
4	3	0	6.000000	4
...	...	...	...	...
707	3	0	21.000000	0
708	1	1	29.699118	0
709	3	1	41.000000	2
710	1	0	14.000000	1
711	1	1	21.000000	0

학습용 데이터(y_train.csv, X_train.csv)를 이용하여 타이타닉 승객의 생존예측 모형을 만든 후, 이를 평가용 데이터(X_test.csv)에 적용하여 정확도를 산출하시오.

변수명	내용
Pclass	승객이 탑승한 객실의 등급
Sex	승객의 성별
Age	승객의 나이
Sibsp	승객의 형제 자매 및 배우자

해설

- 해당 데이터 셋은 정제가 완료된 데이터 셋으로 간주하며, 선형회귀모델을 사용하여 분석한다.
- 전처리 및 사용하는 모델에 따라 분석 결과는 달라질 수 있다.

① 데이터 확인

따라하기

```
import pandas as pd
from sklearn.model_selection import train_test_split
from sklearn.linear_model import LogisticRegression
from sklearn.metrics import accuracy_score, classification_report, confusion_
matrix

# 타이타닉 데이터 셋 로드
```

```
x_train = pd.read_csv('X_train.csv')
y_train = pd.read_csv('y_train.csv')
x_test = pd.read_csv('X_test.csv')
```

● 타이타닉 데이터 셋을 로드하여 각각 변수에 저장한다.

따라하기

```
x_train.info()
```

실행 결과

```
<class 'pandas.core.frame.DataFrame'>
RangeIndex: 712 entries, 0 to 711
Data columns (total 4 columns):
 #    Column   Non-Null Count   Dtype
---   ------   --------------   -----
 0    Pclass   712 non-null     int64
 1    Sex      712 non-null     int64
 2    Age      712 non-null     float64
 3    SibSp    712 non-null     int64
dtypes: float64(1), int64(3)
memory usage: 22.4 KB
```

● x_train 데이터 셋에는 결측값 및 문자열 형태가 없는 것을 확인한다.

따라하기

```
from sklearn.model_selection import train_test_split

# 훈련 데이터와 테스트 데이터 분리
X_train, X_test, y_train, y_test = train_test_split(x_train, y_train,
test_size=0.2, random_state=42)

print("X_train shape:", X_train.shape)
print("X_test shape:", X_test.shape)
print("y_train shape:", y_train.shape)
print("y_test shape:", y_test.shape)
```

실행 결과

```
X_train shape: (569, 4)
X_test shape: (143, 4)
y_train shape: (569, 1)
y_test shape: (143, 1)
```

 따라하기

```python
from sklearn.ensemble import RandomForestClassifier

model = RandomForestClassifier()
model.fit(X_train, y_train)
```

실행 결과

```
▼ RandomForestClassifier
RandomForestClassifier()
```

● 랜덤 포레스트 모델을 생성하고 모델을 학습한다.

 따라하기

```python
# 평가용 데이터에 대한 예측
y_pred = model.predict(x_test)[:143]

accuracy = accuracy_score(y_test, y_pred)
print(f"정확도: {accuracy:.2f}")
```

실행 결과

```
정확도: 0.42
```

● 평가용 데이터에 대한 예측을 저장하고 평가지표인 정확도를 확인한다.

5. 연습문제 3: 와인품질 예측

아래는 와인의 속성과 그에 따른 품질의 데이터 셋이다.

(가) 제공 데이터 목록

● y_train.csv: 와인의 품질(학습용)

● X_train.csv, X_test.csv: 와인의 속성(학습용 및 평가용)

(나) 데이터 형식 및 내용

● y_train.csv

	quality
0	3
1	3
2	3
3	2
4	2
...	...
1274	3
1275	3
1276	2
1277	4
1278	3

● X_train.csv

	fixed acidity	volatile acidity	citric acid	residual sugar	chlorides	free sulfur dioxide	total sulfur dioxide	density	pH	sulphates	alcohol
0	8.7	0.690	0.31	3.0	0.086	23.0	81.0	1.00020	3.48	0.74	11.6
1	6.1	0.210	0.40	1.4	0.066	40.5	165.0	0.99120	3.25	0.59	11.9
2	10.9	0.390	0.47	1.8	0.118	6.0	14.0	0.99820	3.30	0.75	9.3
3	8.8	0.685	0.26	1.6	0.088	16.0	23.0	0.99694	3.32	0.47	9.4
4	8.4	1.035	0.15	6.0	0.073	11.0	54.0	0.99900	3.37	0.49	9.9
...	...	...	...	...	...	...	...	...	...	...	...
1274	9.1	0.600	0.00	1.9	0.058	5.0	10.0	0.99770	3.18	0.63	10.4
1275	8.2	0.635	0.10	2.1	0.073	25.0	60.0	0.99638	3.29	0.75	10.9
1276	7.2	0.620	0.06	2.7	0.077	15.0	85.0	0.99746	3.51	0.54	9.5
1277	7.9	0.200	0.35	1.7	0.054	7.0	15.0	0.99458	3.32	0.80	11.9
1278	5.8	0.290	0.26	1.7	0.063	3.0	11.0	0.99150	3.39	0.54	13.5

학습용 데이터(y_train.csv, X_train.csv)를 이용하여 와인의 퀄리티 분류 모형을 만든 후, 이를 평가용 데이터(X_test.csv)에 적용하여 정확도를 산출하시오.

변수명	내용
fixed acidity	주석산 농도
volatile acidity	아세트산 농도
citric acid	구연산 농도
residual sugar	발효 후 남아 있는 설탕의 양
chlorides	염화 나트륨 농도
free sulfur dioxide	유리 아황산 농도
total sulfur dioxide	총 아황산 농도
density	밀도
pH	산성 정도
sulphates	황산칼륨 농도
alcohol	알코올 함유량

해설

● 해당 데이터 셋은 xgboost을 사용하여 분석한다.

● 전처리 및 사용하는 모델에 따라 분석 결과는 달라질 수 있다.

① 데이터 확인

 따라하기

```
import xgboost as xgb
import pandas as pd

# 학습용 데이터 로드
x_train = pd.read_csv('X_train_winequality.csv')
y_train = pd.read_csv('y_train_winequality.csv')

# 평가용 데이터 로드
x_test = pd.read_csv('X_test_winequality.csv')
```

● 데이터 셋을 불러와 각각 x_train, y_train, x_test, y_test에 저장한다.

```
x_train.info()
```

실행 결과

```
<class 'pandas.core.frame.DataFrame'>
RangeIndex: 1279 entries, 0 to 1278
Data columns (total 11 columns):
 #   Column                Non-Null Count    Dtype
---  ------                --------------    -----
 0   fixed acidity         1279 non-null     float64
 1   volatile acidity      1279 non-null     float64
 2   citric acid           1279 non-null     float64
 3   residual sugar        1279 non-null     float64
 4   chlorides             1279 non-null     float64
 5   free sulfur dioxide   1279 non-null     float64
 6   total sulfur dioxide  1279 non-null     float64
 7   density               1279 non-null     float64
 8   pH                    1279 non-null     float64
 9   sulphates             1279 non-null     float64
 10  alcohol               1279 non-null     float64
dtypes: float64(11)
memory usage: 110.0 KB
```

● x_train 데이터 셋에는 결측값 및 문자열 형태가 없는 것을 확인한다.

```
x_train.describe()
```

실행 결과

	fixed acidity	volatile acidity	citric acid	residual sugar	chlorides	free sulfur dioxide	total sulfur dioxide	density	pH	sulphates	alcohol
count	1279.000000	1279.000000	1279.000000	1279.000000	1279.000000	1279.000000	1279.000000	1279.000000	1279.000000	1279.000000	1279.000000
mean	8.323690	0.530559	0.272471	2.555473	0.088448	15.876075	46.657154	0.996774	3.311650	0.660023	10.418100
std	1.724243	0.179275	0.195448	1.435790	0.049332	10.313517	32.941962	0.001856	0.154016	0.174605	1.052694
min	4.600000	0.120000	0.000000	0.900000	0.012000	1.000000	6.000000	0.990070	2.740000	0.370000	8.400000
25%	7.100000	0.400000	0.100000	1.900000	0.071000	7.000000	22.000000	0.995655	3.210000	0.550000	9.500000
50%	7.900000	0.520000	0.260000	2.200000	0.080000	14.000000	38.000000	0.996800	3.310000	0.620000	10.200000
75%	9.200000	0.640000	0.430000	2.600000	0.091000	21.000000	63.000000	0.997845	3.400000	0.730000	11.100000
max	15.900000	1.580000	1.000000	15.500000	0.611000	68.000000	289.000000	1.003690	4.010000	2.000000	14.900000

● x_train의 기초통계량을 확인한 결과 스케일의 차이 등으로 인한 정규화의 필요성을 확인할 수 있다.

```
import pandas as pd
from sklearn.preprocessing import StandardScaler

scaler = StandardScaler()

# 데이터 정규화
x_train_scaled = scaler.fit_transform(x_train)
x_test_scaled = scaler.fit_transform(x_test)
y_train_scaled = scaler.fit_transform(y_train)

# 정규화된 데이터를 DataFrame으로 변환
x_train_scaled = pd.DataFrame(x_train_scaled, columns=x_train.columns)
x_test_scaled = pd.DataFrame(x_test_scaled, columns=x_test.columns)
y_train_scaled = pd.DataFrame(y_train_scaled, columns=y_train.columns)
x_train_scaled
```

실행 결과

	fixed acidity	volatile acidity	citric acid	residual sugar	chlorides	free sulfur dioxide	total sulfur dioxide	density	pH	sulphates	alcohol
0	0.218332	0.889712	0.192092	0.309726	-0.049642	0.691007	1.042934	1.846696	1.093500	0.458223	1.123177
1	-1.290166	-1.788783	0.652753	-0.805080	-0.455214	2.388473	3.593870	-3.004491	-0.400439	-0.401197	1.408272
2	1.494753	-0.784347	1.011045	-0.526378	0.599272	-0.957960	-0.991742	0.768655	-0.075669	0.515517	-0.587390
3	0.276351	0.861811	-0.063831	-0.665729	-0.009085	0.012020	-0.718427	0.089488	0.054238	-1.088733	-0.967516
4	0.044274	2.814880	-0.626861	2.399985	-0.313264	-0.472970	0.222990	1.199871	0.379008	-0.974144	-0.492358
...	...	...	...	...	...	...	...	...	...	...	...
1274	0.450408	0.387494	-1.394630	-0.456703	-0.617442	-1.054958	-1.113215	0.499144	-0.855116	-0.172018	-0.017201
1275	-0.071764	0.582801	-0.882784	-0.317352	-0.313264	0.885003	0.405199	-0.212363	-0.140623	0.515517	0.457957
1276	-0.651956	0.499098	-1.087522	0.100700	-0.232149	-0.084978	1.164407	0.369779	1.288361	-0.687670	-0.872484
1277	-0.245822	-1.844584	0.396831	-0.596054	-0.698557	-0.860962	-0.961374	-1.182601	0.054238	0.801991	1.408272
1278	-1.464224	-1.342367	-0.063831	-0.596054	-0.516049	-1.248954	-1.082847	-2.842785	0.508915	-0.687670	2.928776

1279 rows × 11 columns

- StandardScaler를 활용하여, 데이터의 평균을 0, 표준 편차를 1로 만들어 정규화한다.

- 데이터의 각 변수들의 스케일(scale)을 조정하여 학습 과정을 더욱 안정적으로 만들어 준다.

② 데이터 모델링

```
from sklearn.model_selection import train_test_split
# 훈련 데이터와 테스트 데이터 분리
X_train, X_test, y_train, y_test = train_test_split(x_train_scaled, y_train,
test_size=0.2, random_state=42)

print("X_train shape:", X_train.shape)
print("X_test shape:", X_test.shape)
print("y_train shape:", y_train.shape)
print("y_test shape:", y_test.shape)
```

실행 결과

```
X_train shape: (1023, 11)
X_test shape: (256, 11)
y_train shape: (1023, 1)
y_test shape: (256, 1)
```

따라하기

```
import xgboost as xgb

model = xgb.XGBClassifier(objective='multi:softmax', num_class=6, random_state=42)

model.fit(X_train_scaled, y_train)
```

실행 결과

```
▼                          XGBClassifier
XGBClassifier(base_score=None, booster=None, callbacks=None,
              colsample_bylevel=None, colsample_bynode=None,
              colsample_bytree=None, early_stopping_rounds=None,
              enable_categorical=False, eval_metric=None, feature_types=None,
              gamma=None, gpu_id=None, grow_policy=None, importance_type=None,
              interaction_constraints=None, learning_rate=None, max_bin=None,
              max_cat_threshold=None, max_cat_to_onehot=None,
              max_delta_step=None, max_depth=None, max_leaves=None,
              min_child_weight=None, missing=nan, monotone_constraints=None,
              n_estimators=100, n_jobs=None, num_class=6,
              num_parallel_tree=None, objective='multi:softmax', ...)
```

- XGBoost 라이브러리의 xgb.XGBClassifier로 분류모델을 생성하고 모델을 학습한다.

- objective='multi:softmax'는 다중 클래스 분류를 수행하는 것을 나타내는 목적 함수를 지정한다.

- 'multi:softmax'는 다중 클래스 분류에서 클래스 간의 순서를 고려하여 확률을 예측한다.

- num_class=6은 클래스의 개수를 나타내며, 예측할 클래스의 수이다.

③ 평가

 따라하기

```
from sklearn.metrics import accuracy_score
accuracy = accuracy_score(y_test, model.predict(x_test_scaled)[:256])

print(accuracy)
```

실행 결과

```
0.65625
```

- 평가용 데이터에 대한 예측을 저장하고 평가지표인 정확도를 확인한다.

6. 연습문제 4: 분류

* 출처: kaggle datasets download -d uciml/mushroom-classification

데이터 가져오기

Part2/2유형/mushroom 폴더의
X_train_mushroom.csv,
y_train_mushroom.csv,
X_test_mushroom.csv
파일을 🕭코랩 세션저장소에 업로드한다.

아래는 버섯의 식용 여부 데이터 셋이다.

(가) 제공 데이터 목록

- y_train.csv: 버섯의 식용 및 독 여부(학습용)

- X_train.csv, X_test.csv: 버섯의 속성 데이터(학습용 및 평가용)

(나) 데이터 형식 및 내용

● y_train.csv 버섯의 종류

	class
0	p
1	p
2	p
3	e
4	e
...	...
6494	p
6495	e
6496	e
6497	p
6498	e

● X_train.csv

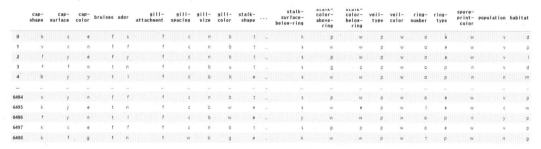

	cap-shape	cap-surface	cap-color	bruises	odor	gill-attachment	gill-spacing	gill-size	gill-color	stalk-shape	...	stalk-surface-below-ring	stalk-color-above-ring	stalk-color-below-ring	veil-type	veil-color	ring-number	ring-type	spore-print-color	population	habitat
0	k	s	e	f	s	f	c	n	b	t	...	k	p	w	p	w	o	e	w	v	d
1	x	s	n	f	f	f	c	n	b	t	...	s	w	w	p	w	o	e	w	v	p
2	f	y	e	f	y	f	c	n	b	t	...	s	p	w	p	w	o	e	w	v	l
3	f	f	n	t	n	f	c	b	u	t	...	s	g	p	p	w	o	p	n	v	d
4	b	y	y	t	l	f	c	b	k	e	...	s	w	w	p	w	o	p	n	n	m
...	...										...										
6494	x	y	n	f	f	f	c	n	b	t	...	s	p	w	p	w	o	e	w	v	p
6495	k	y	e	t	n	f	c	b	w	e	...	s	w	e	p	w	t	e	w	c	w
6496	f	y	n	t	l	f	c	b	w	e	...	y	w	w	p	w	o	p	n	y	p
6497	k	s	e	f	f	f	c	n	b	t	...	s	p	p	p	w	o	e	w	v	p
6498	k	f	g	f	n	f	w	b	g	e	...	k	w	w	p	w	t	p	w	n	g

학습용 데이터(y_train.csv, X_train.csv)를 이용하여 버섯종류 분류 모형을 만든 후, 이를 평가용 데이터(X_test.csv)에 적용하여 F1 score를 산출하시오.

해설

● 해당 데이터 셋은 랜덤 포레스트 모델을 사용하여 분석한다.

● 전처리 및 사용하는 모델에 따라 분석 결과는 달라질 수 있다.

① 데이터 확인

 따라하기

```
import numpy as np
import pandas as pd

x_train = pd.read_csv('X_train_mushroom.csv')
y_train = pd.read_csv('y_train_mushroom.csv')
x_test = pd.read_csv('X_test_mushroom.csv')
```

 따라하기

```
x_train.head(5)
```

실행 결과

	cap-shape	cap-surface	cap-color	bruises	odor	gill-attachment	gill-spacing	gill-size	gill-color	stalk-shape	...	stalk-surface-below-ring
0	k	s	e	f	s	f	c	n	b	t	...	k
1	x	s	n	f	f	f	c	n	b	t	...	s
2	f	y	e	f	y	f	c	n	b	t	...	s
3	f	f	n	t	n	f	c	b	u	t	...	s
4	b	y	y	t	l	f	c	b	k	e	...	s

5 rows × 22 columns

 따라하기

```
x_train.info()
```

실행 결과

```
<class 'pandas.core.frame.DataFrame'>
RangeIndex: 6499 entries, 0 to 6498
Data columns (total 22 columns):
 #   Column        Non-Null Count   Dtype
---  ------        --------------   -----
 0   cap-shape     6499 non-null    object
 1   cap-surface   6499 non-null    object
 2   cap-color     6499 non-null    object
```

```
 3   bruises                      6499 non-null    object
 4   odor                         6499 non-null    object
 5   gill-attachment              6499 non-null    object
 6   gill-spacing                 6499 non-null    object
 7   gill-size                    6499 non-null    object
 8   gill-color                   6499 non-null    object
 9   stalk-shape                  6499 non-null    object
10   stalk-root                   6499 non-null    object
11   stalk-surface-above-ring     6499 non-null    object
12   stalk-surface-below-ring     6499 non-null    object
13   stalk-color-above-ring       6499 non-null    object
14   stalk-color-below-ring       6499 non-null    object
15   veil-type                    6499 non-null    object
16   veil-color                   6499 non-null    object
17   ring-number                  6499 non-null    object
18   ring-type                    6499 non-null    object
19   spore-print-color            6499 non-null    object
20   population                   6499 non-null    object
21   habitat                      6499 non-null    object
dtypes: object(22)
memory usage: 1.1+ MB
```

- x_train 데이터 셋에는 결측값은 없지만 데이터가 문자열 형태로 존재하여 인코딩의 필요성을 확인할 수 있다.

따라하기

```
from sklearn.preprocessing import LabelEncoder
label_encoder = LabelEncoder()

for col in x_train.columns:
x_train[col] = label_encoder.fit_transform(x_train[col])
x_test[col] = label_encoder.transform(x_test[col])
```

- 모든 열을 `LabelEncoder`를 사용하여 범주형 데이터를 숫자로 변환한다. 변환된 값들을 다시 원본 데이터프레임의 해당 열에 할당한다.

따라하기

```
x_train_encoded.info()
```

```
<class 'pandas.core.frame.DataFrame'>
RangeIndex: 6499 entries, 0 to 6498
Data columns (total 22 columns):
 #   Column                    Non-Null Count   Dtype
---  ------                    --------------   -----
 0   cap-shape                 6499 non-null    int64
 1   cap-surface               6499 non-null    int64
 2   cap-color                 6499 non-null    int64
 3   bruises                   6499 non-null    int64
 4   odor                      6499 non-null    int64
 5   gill-attachment           6499 non-null    int64
 6   gill-spacing              6499 non-null    int64
 7   gill-size                 6499 non-null    int64
 8   gill-color                6499 non-null    int64
 9   stalk-shape               6499 non-null    int64
 10  stalk-root                6499 non-null    int64
 11  stalk-surface-above-ring  6499 non-null    int64
 12  stalk-surface-below-ring  6499 non-null    int64
 13  stalk-color-above-ring    6499 non-null    int64
 14  stalk-color-below-ring    6499 non-null    int64
 15  veil-type                 6499 non-null    int64
 16  veil-color                6499 non-null    int64
 17  ring-number               6499 non-null    int64
 18  ring-type                 6499 non-null    int64
 19  spore-print-color         6499 non-null    int64
 20  population                6499 non-null    int64
 21  habitat                   6499 non-null    int64
dtypes: int64(22)
memory usage: 1.1 MB
```

● 모든 열이 int64로 숫자형 변수로 변환된 것을 확인할 수 있다.

따라하기

```
y_train = pd.get_dummies(y_train['class'])

y_train
```

	0	1
0	0	1
1	0	1
2	0	1
3	1	0
4	1	0
...	...	...
6494	0	1
6495	1	0
6496	1	0
6497	0	1
6498	1	0

6499 rows × 2 columns

● 클래스 레이블을 원-핫 인코딩으로 변환하여 각 클래스를 이진 벡터로 표현한다.

② 데이터 모델링

따라하기

```
from sklearn.model_selection import train_test_split
# 훈련 데이터와 테스트 데이터 분리
X_train, X_test, y_train, y_test = train_test_split(x_train, y_train, test_size=0.2,
random_state=42)

print("X_train shape:", X_train.shape)
print("X_test shape:", X_test.shape)
print("y_train shape:", y_train.shape)
print("y_test shape:", y_test.shape)
```

실행 결과

```
X_train shape: (5199, 22)
X_test shape: (1300, 22)
y_train shape: (5199, 2)
y_test shape: (1300, 2)
```

```
from sklearn.ensemble import RandomForestClassifier
model = RandomForestClassifier(n_estimators=100, random_state=42)
model.fit(X_train, y_train)

y_pred = model.predict(x_test)[:1300]
```

● 랜덤 포레스트 모델 생성 및 학습하고 학습된 모델을 사용하여 평가용 데이터를 예측한다.

 따라하기

```
from sklearn.metrics import accuracy_score, f1_score

# F1 스코어 계산
f1 = f1_score(y_test.values.argmax(axis=1), y_pred.argmax(axis=1), average='weighted')
print(f1)
```

실행 결과

```
0.5051956352974805
```

● 평가용 데이터에 대한 예측을 저장하고 평가지표인 F1 Score를 확인한다.

7. 연습문제 5: 암의 양성 및 악성 분류

* 출처: kaggle datasets download -d reihanenamdari/breast-cancer

 데이터 가져오기

Part2/2유형 폴더의 cancer.csv 파일을 📤코랩 세션저장소에 업로드한다.

아래 데이터 셋은 위스콘신 대학교에서 제공한 유방암 세포 암세포의 특징을 나타내는 30개의 변수들과 그에 대한 라벨(diagnosis)인 악성(Malignant) 또는 양성(Benign) 클래스로 구성되어 있다.

● cancer.csv

	id	diagnosis	radius_mean	texture_mean	perimeter_mean	area_mean	smoothness_mean	compactness_mean	concavity_mean	concave points_mean	...	radius_worst	texture_worst	perimeter_worst	area...
0	842302	M	17.99	10.38	122.80	1001.0	0.11840	0.27760	0.30010	0.14710	...	25.380	17.33		184.60
1	842517	M	20.57	17.77	132.90	1326.0	0.08474	0.07864	0.08690	0.07017	...	24.990	23.41		158.80
2	84300903	M	19.69	21.25	130.00	1203.0	0.10960	0.15990	0.19740	0.12790	...	23.570	25.53		152.50
3	84348301	M	11.42	20.38	77.58	386.1	0.14250	0.28390	0.24140	0.10520	...	14.910	26.50		98.87
4	84358402	M	20.29	14.34	135.10	1297.0	0.10030	0.13280	0.19800	0.10430	...	22.540	16.67		152.20
...	...	...	...	...	...	...	...	...	...	...	...	...	...		...
564	926424	M	21.56	22.39	142.00	1479.0	0.11100	0.11590	0.24390	0.13890	...	25.450	26.40		166.10
565	926682	M	20.13	28.25	131.20	1261.0	0.09780	0.10340	0.14400	0.09791	...	23.690	33.25		155.00
566	926954	M	16.60	28.08	108.30	858.1	0.08455	0.10230	0.09251	0.05302	...	18.980	34.12		126.70
567	927241	M	20.60	29.33	140.10	1265.0	0.11780	0.27700	0.35140	0.15200	...	25.740	39.42		184.60
568	92751	B	7.76	24.54	47.92	181.0	0.05263	0.04362	0.00000	0.00000	...	9.456	30.37		59.16

569 rows × 32 columns

cancer.csv 데이터를 학습데이터와 테스트 데이터로 분류하고 암의 양성 및 악성 분류 모형을 만든 후, 이를 평가용 데이터(X_test.csv)에 적용하여 정확도를 산출하시오.

해설

● 해당 데이터 셋은 k means 모델을 사용하여 분석한다.

● 전처리 및 사용하는 모델에 따라 분석 결과는 달라질 수 있다.

① 데이터 확인

 따라하기

```
import pandas as pd
# CSV 파일 로드
cancer = pd.read_csv('cancer.csv')
```

 따라하기

```
cancer.columns
```

실행 결과

```
Index(['id', 'diagnosis', 'radius_mean', 'texture_mean', 'perimeter_mean',
       'area_mean', 'smoothness_mean', 'compactness_mean', 'concavity_mean',
       'concave points_mean', 'symmetry_mean', 'fractal_dimension_mean',
       'radius_se', 'texture_se', 'perimeter_se', 'area_se', 'smoothness_se',
       'compactness_se', 'concavity_se', 'concave points_se', 'symmetry_se',
       'fractal_dimension_se', 'radius_worst', 'texture_worst',
       'perimeter_worst', 'area_worst', 'smoothness_worst',
       'compactness_worst', 'concavity_worst', 'concave points_worst',
       'symmetry_worst', 'fractal_dimension_worst'],
      dtype='object')
```

 따라하기

```
cancer.info()
```

```
<class 'pandas.core.frame.DataFrame'>
RangeIndex: 569 entries, 0 to 568
Data columns (total 32 columns):
 #   Column                   Non-Null Count   Dtype
---  ------                   --------------   -----
 0   id                       569 non-null     int64
 1   diagnosis                569 non-null     object
 2   radius_mean              569 non-null     float64
 3   texture_mean             569 non-null     float64
 4   perimeter_mean           569 non-null     float64
 5   area_mean                569 non-null     float64
 6   smoothness_mean          569 non-null     float64
 7   compactness_mean         569 non-null     float64
 8   concavity_mean           569 non-null     float64
 9   concave points_mean      569 non-null     float64
 10  symmetry_mean            569 non-null     float64
 11  fractal_dimension_mean   569 non-null     float64
 12  radius_se                569 non-null     float64
 13  texture_se               569 non-null     float64
 14  perimeter_se             569 non-null     float64
 15  area_se                  569 non-null     float64
 16  smoothness_se            569 non-null     float64
 17  compactness_se           569 non-null     float64
 18  concavity_se             569 non-null     float64
 19  concave points_se        569 non-null     float64
 20  symmetry_se              569 non-null     float64
 21  fractal_dimension_se     569 non-null     float64
 22  radius_worst             569 non-null     float64
 23  texture_worst            569 non-null     float64
 24  perimeter_worst          569 non-null     float64
 25  area_worst               569 non-null     float64
 26  smoothness_worst         569 non-null     float64
 27  compactness_worst        569 non-null     float64
 28  concavity_worst          569 non-null     float64
 29  concave points_worst     569 non-null     float64
 30  symmetry_worst           569 non-null     float64
 31  fractal_dimension_worst  569 non-null     float64
dtypes: float64(30), int64(1), object(1)
memory usage: 142.4+ KB
```

● 결측값은 없으며 레이블인 'diagnosis' 열만 문자형 변수인 것을 확인할 수 있다.

따라하기

```
cancer.drop('id', axis=1, inplace=True)
```

● 'id' 변수는 단순 식별형 자료로 삭제한다.

 따라하기

```
summary_stats = cancer.describe()

# 'std' 행을 기준으로 내림차순으로 정렬
sorted_summary_stats = summary_stats.sort_values(by='std', axis=1, ascending=False)

print(sorted_summary_stats)
```

실행 결과

	area_worst	area_mean	area_se	perimeter_worst	perimeter_mean \
count	569.000000	569.000000	569.000000	569.000000	569.000000
mean	880.583128	654.889104	40.337079	107.261213	91.969033
std	569.356993	351.914129	45.491006	33.602542	24.298981
min	185.200000	143.500000	6.802000	50.410000	43.790000
25%	515.300000	420.300000	17.850000	84.110000	75.170000
50%	686.500000	551.100000	24.530000	97.660000	86.240000
75%	1084.000000	782.700000	45.190000	125.400000	104.100000
max	4254.000000	2501.000000	542.200000	251.200000	188.500000

● 표준편차가 큰 순서대로 각 변수들의 기초통계량을 확인할 수 있다.

● 'area_worst'와 'area_mean'은 스케일링이 필요하다고 판단한다.

 따라하기

```
from sklearn.preprocessing import MinMaxScaler

scaler = MinMaxScaler()

cancer[['area_worst', 'area_mean']] = scaler.fit_transform(cancer[['area_worst', 'area_mean']])
```

 따라하기

```
cancer.diagnosis
```

```
0       M
1       M
2       M
3       M
4       M
       ..
564     M
565     M
566     M
567     M
568     B
Name: diagnosis, Length: 569, dtype: object
```

● 'diagnosis' 변수는 문자열 형태로 '양성'과 '악성'을 나타내고 있다. 이진 분류를 수행하기 위
해 라벨인코딩(Label Encoding)을 적용하여 '양성'을 0으로, '악성'을 1로 변환해야 한다.

```
from sklearn.preprocessing import LabelEncoder

label_encoder = LabelEncoder()
cancer['diagnosis'] = label_encoder.fit_transform(cancer['diagnosis'])

cancer.diagnosis
```

```
0       1
1       1
2       1
3       1
4       1
       ..
564     1
565     1
566     1
567     1
568     0
Name: diagnosis, Length: 569, dtype: int64
```

● LabelEncoder 객체를 생성하고 'diagnosis' 변수에 대해 라벨인코딩을 수행한다.

② 데이터 모델링

```
from sklearn.model_selection import train_test_split

X = cancer.drop('diagnosis', axis=1)
y = cancer['diagnosis']

X_train, X_test, y_train, y_test = train_test_split(X, y, test_size=0.2,
random_state=42)
```

- 특성 데이터와 타겟 변수를 분리하고 데이터를 학습 셋과 테스트 셋으로 분할한다.

```
from sklearn.neighbors import KNeighborsClassifier

knn_model = KNeighborsClassifier(n_neighbors=5)
knn_model.fit(X_train, y_train)

y_pred = knn_model.predict(X_test)
```

- K-최근접 이웃(KNN) 모델을 생성 및 학습하고 이를 사용하여 평가용 데이터를 예측한다.

③ 평가

```
from sklearn.metrics import accuracy_score

# 평가 결과 출력
print(accuracy_score(y_test, y_pred))
```

실행 결과

```
0.9736842105263158
```

- 평가용 데이터에 대한 예측을 저장하고 평가지표인 정확도를 확인한다.

더 멋진 내일(Tomorrow)을 위한 내일(My Career)

내 일 은 빅 데 이 터 분 석 기 사 실 기

03

제3유형 모형 평가 작업

01 | 데이터 검정

학·습·포·인·트 --

- 가설설정과 유의수준에 대한 기준을 습득한다.
- 다양한 검정도구를 알고 적합하게 사용한다.

1. 데이터검정

가설 설정 〉 유의수준 설정 〉 검정 방법 설정〉 P-값 산출 〉 [P-값 〉 유의수준] 순으로 진행된다.

(1) 가설 설정

가설	내용
귀무가설 (null hypothesis: H_0)	기존에 알려진 사실로서, 원래의 주장 및 가설
대립가설 (alternative hypothesis: H_1)	• 연구자가 표본연구를 통해 입증하고자 하는 가설 • 귀무가설에 대립하는 가설

(2) 유의수준 설정

- 제1종 오류를 범할 확률의 최대 허용한계

- 가설검정에서의 판단 기준

판단 기준	내용
제1종 오류	귀무가설이 참일 때, 귀무가설을 기각 하도록 결정하는 오류
제2종 오류	귀무가설이 거짓일 때, 귀무가설을 채 택할 오류

> **실전 Tip**
> 1종 오류와 2종 오류를 헷갈리지 않아야 합니다.

(3) 검정 방법 설정

- 양측검정: 가설검정에서 기각영역이 양쪽에 있는 것

- 단측 검정: 가설검정에서 기각영역이 좌우 한쪽에만 있는 것

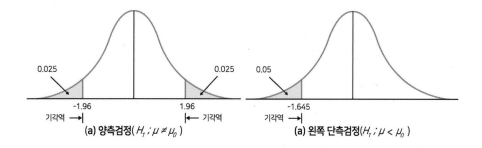

(a) 양측검정($H_1 : \mu \neq \mu_0$) **(a) 왼쪽 단측검정($H_1 : \mu < \mu_0$)**

(4) P-값 산출

● p-vlaue(유의확률)란 관찰된 데이터의 검정통계량이 귀무가설을 지지하는 정도를 확률로 표현한 것이다.

● t-value, z-value 등의 검정통계량에 따른 p 값을 산출한다.

● p-값이 작을수록 귀무가설을 기각할 수 있다.

(5) 결정

● p-value 〈 유의수준: 귀무가설을 기각

● p-value 〉 유의수준: 귀무가설을 채택

2. 검정 도구

(1) t-검정

● 모집단의 분산이나 표준편차를 알지 못할 때 모집단을 대표하는 표본으로부터 추정된 분산이나 표준편차를 가지고 검정하는 방법이다.

● 귀무가설: 두 모집단의 평균 간에 차이는 없다.

● 대립가설: 두 모집단의 평균 간에 차이가 있다.

● t 값(t-value)

  - 두 집단의 차이의 평균(X)을 표준오차(SE)로 나눈 값, 즉 '표준오차'와 '표본평균 사이의 차이'의 비율이다.

  - t-value 값이 클수록 두 대상의 평균의 차이는 크다.

① 단일표본 t-검정

- 하나의 모집단의 평균값을 기준값과 비교하고자 할 때 사용한다.

코·드·소·개

```
from scipy.stats import ttest_ind
t_statistic, p_value = ttest_1samp(sample1, sample2)
```

따라하기

```python
import numpy as np
import scipy.stats as stats

# 예시 데이터
data = np.array([25, 28, 30, 27, 26, 23, 24, 26, 25])

# 기준 값
mean_reference = 22

# 일표본 t-검정
t_statistic, p_value = stats.ttest_1samp(data, mean_reference)

print(f"t-통계량: {t_statistic}")
```

실행 결과

```
t-통계량: 5.65685424949238
```

② 독립표본 t-검정

- 서로 다른 두 모집단으로부터 두 집단 간 평균 차이 여부를 검정한다.
- 귀무가설(H_0): 두 모집단 간의 평균에 차이가 없다.
- 대립가설(H_1): 두 모집단 간의 평균에 차이가 있다.

코·드·소·개

```
from scipy.stats import ttest_ind
t_statistic, p_value = ttest_ind(sample1, sample2)
```

```
import numpy as np
import scipy.stats as stats

# 예시 데이터 생성
group1 = np.array([25, 28, 30, 27, 26])
group2 = np.array([22, 24, 26, 23, 25])

# 독립표본 t-검정
t_statistic, p_value = stats.ttest_ind(group1, group2)

print(f"t-통계량: {t_statistic}")
```

실행 결과

t-통계량: 2.8736848324283977

③ 대응표본 t-검정(Paired t-test)

- 동일한 대상에게서 측정된 값의 차이의 평균을 검정한다.

- 귀무가설(H_0): 비교할 값의 차이의 평균은 0이다.

- 대립가설(H_1): 비교할 값의 차이의 평균은 0이 아니다.

코 · 드 · 소 · 개

```
from scipy.stats import ttest_rel
t_statistic, p_value = ttest_rel(before_data, after_data)
```

따라하기

```
import numpy as np
import scipy.stats as stats

# 대응표본 데이터

before = np.array([15, 18, 20, 17, 16]) # 약 투여 전
after = np.array([12, 16, 19, 14, 13]) # 약 투여 후

# 대응표본 t-검정
```

```
t_statistic, p_value = stats.ttest_rel(before, after)

print(f"t-통계량: {t_statistic}")
```

실행 결과

대응표본 t-검정
t-통계량: 5.999999999999999

(2) 카이제곱 검정

두 범주형 변수에 대한 검정 방법이다.

코·드·소·개

```
from scipy.stats import chi2_contingency
chi2, p, dof, expected = chi2_contingency(observed)
```

① 독립성 검정 (Independence Test)

- 두 범주형 변수 간의 독립성을 평가한다.

- 두 변수 간의 연관성이 있는지 확인하거나, 교차 분할 표를 분석하여 기대되는 분할과 관찰된 분할 간의 차이가 있는지 확인할 수 있다.

- 귀무가설(H_0): 두 변수 간에 독립성이 있다. (변수 간의 연관성이 없다.)

- 대립가설(H_1): 두 변수 간에 독립성이 없다. (변수 간의 연관성이 있다.)

따라하기

```
import numpy as np
import pandas as pd
import scipy.stats as stats

# 예시 데이터
data = pd.DataFrame({
    'Variable1': ['A', 'A', 'B', 'B', 'B', 'C', 'C', 'C', 'C'],
    'Variable2': ['X', 'Y', 'X', 'X', 'Y', 'Y', 'X', 'Y', 'Y']})

# 카이제곱 검정
```

```
observed_freq = pd.crosstab(data['Variable1'], data['Variable2'])
chi2_stat, p_value, _, _ = stats.chi2_contingency(observed_freq)

print(f"카이제곱 통계량: {chi2_stat}")
```

카이제곱 통계량: 1.2375

② 동질성 검정 (Homogeneity Test)

- 여러 개의 범주형 변수 간의 분포가 동질한지 여부를 평가한다.

- 귀무가설(H_0): 세 그룹 간의 범주형 변수 분포는 동질하다.

- 대립가설(H_1): 세 그룹 간의 범주형 변수 분포는 동질하지 않다.

따라하기

```
import pandas as pd
import scipy.stats as stats

# 예시 데이터
data = pd.DataFrame({
    'Group': ['A', 'A', 'A', 'B', 'B', 'B', 'C', 'C', 'C'],
    'Category': ['X', 'X', 'Y', 'X', 'Y', 'Y', 'Y', 'Y', 'Y']
})

# 동질성 검정
observed_freq = pd.crosstab(data['Group'], data['Category'])
chi2_stat, p_value, _, _ = stats.chi2_contingency(observed_freq)

print(f"카이제곱 통계량: {chi2_stat}")
print(f"p-값: {p_value}")
```

카이제곱 통계량: 3.0
p-값: 0.22313016014842982

③ 적합성 검정 (Goodness-of-Fit Test)

- 한 범주형 변수의 분포가 기대되는 분포와 일치하는지 평가한다.

- 귀무가설(H_0): 관측된 범주형 변수 분포는 기대되는 분포와 일치한다.

- 대립가설(H_1): 관측된 범주형 변수 분포는 기대되는 분포와 일치하지 않는다.

따라하기

```python
import pandas as pd
import scipy.stats as stats

# 예시 데이터
data = pd.DataFrame({
    'Category': ['A', 'A', 'B', 'B', 'B', 'C', 'C', 'C', 'C']
})

# 기대 분포
expected_freq = {'A': 0.4, 'B': 0.3, 'C': 0.3}

# 적합성 검정
observed_freq = data['Category'].value_counts()
total_observed = observed_freq.sum()
expected_freq_adj = {category: freq * total_observed for category, freq in expected_freq.items()}

chi2_stat, p_value = stats.chisquare(observed_freq, list(expected_freq_adj.values()))

print(f"카이제곱 통계량: {chi2_stat}")
print(f"p-값: {p_value}")
```

실행 결과

```
카이제곱 통계량: 0.2592592592592592
p-값: 0.878420711683992
```

(3) 분산분석

- 3개 이상의 집단 간 비교를 수행하고자 할 때 집단 내의 분산(총평균과 각 집단의 평균 차이에 의해 생긴 분산)의 비교로 얻은 분포를 이용하여 가설검정을 수행하는 방법이다.

- 독립변수와 종속변수의 수에 따라서 일원 분산분석, 이원 분산분석, 다변량 분산분석으로 분류한다.

① One-way ANOVA

분산분석 중 종속변인이 1개, 독립변인이 1개인 경우 두 독립적인(관련이 없는) 집단의 평균을 F−분포를 이용해서 비교한다.

```
from scipy.stats import f_oneway

f_statistic, p_value = f_oneway(group1, group2, group3, ...)
```

② Two-way ANOVA

측정변수(양적 변수)가 하나이고, 두 개의 명목형 변수를 가지고 있을 때 사용한다.

```
from statsmodels.formula.api import ols
from statsmodels.stats.anova import anova_lm

# 데이터프레임 df에 'group'과 'factor' 컬럼이 있을 때
model = ols('value ~ group * factor', data=df).fit()
anova_result = anova_lm(model)
```

(4) Wilcoxon 검정

① Wilcoxon signed rank test(윌콕슨 부호 순위 검정)

- 정규분포를 따르지 않거나 분포 형태를 모를 경우 두 그룹의 평균이 같은지 여부를 비교하는 비모수적 분석 방법이다.
- 표본의 크기가 작을 경우에 유용하다.

```
from scipy.stats import wilcoxon
statistic, p_value = wilcoxon(sample_data, zero_method='zsplit')
```

```
import numpy as np
from scipy.stats import wilcoxon

# 데이터 생성
before = np.array([3, 4, 6, 7, 9]) # 투약 전 약효과
after = np.array([2, 5, 4, 8, 7]) # 투약 후 약효과

# Wilcoxon signed rank test 수행
statistic, p_value = wilcoxon(before, after)

print("통계량:", statistic)
print("p-값 (p-value):", p_value)
```

```
통계량: 4.0
p-값 (p-value): 0.4375
```

② Wilcoxon rank sum test 또는 Mann−Whitney U test

- 정규분포를 따르지 않거나 분포 형태를 모를 경우 독립된 두 개의 집단을 비교하는 비모수적인 검정 방법이다.

- 두 집단의 측정값을 합쳐 순위를 매긴 후, 순위 합의 크기를 비교하여 두 집단 간의 차이를 비교하고자 할 때 사용한다.

```
from scipy.stats import ranksums
statistic, p_value = ranksums(sample1, sample2)
```

```
import numpy as np
from scipy.stats import mannwhitneyu

# 데이터 생성
group1 = np.array([15, 12, 18, 20, 16])
group2 = np.array([10, 8, 13, 11, 9])
```

```
# Wilcoxon 순위 합 검정 수행
statistic, p_value = mannwhitneyu(group1, group2)

print("통계량:", statistic)
print("p-값 (p-value):", p_value)
```

```
통계량: 24.0
p-값 (p-value): 0.015873015873015872
```

(5) 크루스칼 – 왈리스 검정

● 세 개 이상의 독립적인 집단 간의 중앙값 차이를 비교하는 비모수적 검정 방법이다.

● 각 집단의 분포가 정규성 가정을 만족하지 않을 때 사용된다.

● 귀무가설(H_0): 모든 집단의 모집단 분포의 중앙값은 동일하다.

● 대립가설(H_1): 적어도 하나의 집단의 모집단 분포의 중앙값은 다르다.

코 · 드 · 소 · 개

```
from scipy.stats import kruskal
h_statistic, p_value = kruskal(sample1, sample2, sample3)
```

따라하기

```
import numpy as np
from scipy.stats import kruskal

# 데이터 생성
group1 = np.array([4, 6, 8, 5, 7])
group2 = np.array([9, 12, 11, 10, 14])
group3 = np.array([3, 2, 1, 6, 5])

# 크루스칼-왈리스 검정 수행
statistic, p_value = kruskal(group1, group2, group3)

print("통계량:", statistic)
print("p-값 (p-value):", p_value)
```

통계량: 10.858781362007175
p-값 (p-value): 0.004385767320024921

02 | 예제

학·습·포·인·트 ---

- 예제는 시험환경에서 제공하는 문제로, 시험유형에 익숙해질 수 있도록 한다.
- 연습문제로 다양한 검정을 수행하여 시험문제에 대비한다.
- 해당 해설은 예시이며, 다양한 해설이 존재할 수 있다.

1. 제3유형 문제 예제

주어진 데이터(part2/blood_pressure.csv)에는 고혈압 환자 120명의 치료 전후의 혈압이 저장되어 있다. 해당 치료가 효과가 있는지(즉, 치료 후의 혈압이 감소했는지) 쌍체표본 t-검정(paired t-test)을 통해 답하고자 한다. 가설은 아래와 같다.

- μ_d: (치료 후 혈압 − 치료 전 혈압)의 평균
- H_0: $\mu_d \geq 0$
- H_1: $\mu_d < 0$
- bp_before: 치료 전 혈압
- bp_after: 치료 후 혈압

① μ_d의 표본평균을 입력하시오. (반올림하여 소수 둘째 자리까지 계산)

```python
import pandas as pd
import scipy.stats as stats

data = pd.read_csv('data/blood_pressure.csv')

# 치료 후 혈압과 치료 전 혈압의 차이 계산
diff = data['bp_after'] - data['bp_before']

# a의 표본평균 계산
mean_diff = diff.mean()

mean_diff.round(2)
```

② 위의 가설을 검정하기 위한 검정통계량을 입력하시오. (반올림하여 소수 넷째 자리까지 계산)

```
# 쌍체표본 t-검정 수행
t_stat, _ = stats.ttest_1samp(diff, 0)

t_stat.round(4)
```

③ 위의 통계량에 대한 p-값을 구하여 입력하시오. (반올림하여 소수 넷째 자리까지 계산)

```
# p-값 계산
p_value = stats.ttest_1samp(diff, 0)[1]

p_value.round(4)
```

④ 유의수준 0.05 이하에서 가설검정의 결과를 (채택/기각) 중 하나를 선택하여 입력하시오.

가설 검정 결과는 유의수준 0.05에서 p-값과 비교하여 판단한다. 일반적으로 유의수준 0.05에서 p-값이 0.05보다 작으면 귀무가설을 기각하고 대립가설을 채택한다. 따라서 유의수준 0.05 이하에서 가설검정의 결과는 (채택/기각) 중 하나를 선택하여 입력하면 된다.

답안 예시
기각

2. 연습문제

해당 해설은 예시이며, 다양한 해설이 존재할 수 있다.

(1) t-검정

데이터 가져오기
Part2/3유형 폴더의 titanic.csv 파일을 🔼코랩 세션저장소에 업로드한다.

주어진 데이터(titanic.csv)에는 타이타닉 승객의 생존 여부가 저장되어 있다. 생존자 그룹 및 비생존자 그룹의 나이 평균차가 통계적으로 유의미한지 독립표본 t-검정(Independent Samples t-test)을 통해 답하고자 한다. 가설은 아래와 같다.

- H_0 : 생존자 그룹과 비생존자 그룹의 나이 평균에 차이가 없다.

- H_1 : 생존자 그룹과 비생존자 그룹의 나이 평균에 차이가 있다.

① 생존자그룹과 비생존자 그룹의 나이의 차를 반올림하여 소수 둘째 자리까지 입력하시오.
  (결측치는 제거한다.)

따라하기

```python
import pandas as pd
from scipy.stats import ttest_ind

df = pd.read_csv('titanic.csv')

# Separate the age values for survivors and non-survivors
age_survived = df[df['Survived'] == 1]['Age'].dropna()
age_not_survived = df[df['Survived'] == 0]['Age'].dropna()
```

- age_survived 변수에 'Survived' 열이 1인 경우에 해당하는 행의 'Age' 열을 선택하고,
  dropna() 함수를 사용하여 결측치를 제거한다.

- age_not_survived 변수에 'Survived' 열이 0인 경우에 해당하는 행의 'Age' 열을 선택
  하고, dropna() 함수를 사용하여 결측치를 제거한다.

따라하기

```python
mean_survived = age_survived.mean()
mean_not_survived = age_not_survived.mean()

age_difference = mean_survived - mean_not_survived

print(round(age_difference,2))
```

- mean_survived에는 age_survived의 평균, 즉 생존자들의 평균 나이를 저장하고 mean_
  not_survived에는 비생존자들의 평균 나이를 저장한다.

실행 결과

```
-2.28
```

② 위의 가설을 검정하기 위한 검정통계량을 입력하시오. (반올림하여 소수 넷째 자리까지 계산)

```
t_stat, p_value = ttest_ind(age_survived, age_not_survived)

t_stat = round(t_stat, 4)

print(t_stat)
```

실행 결과

```
-2.0667
```

- ttest_ind 함수는 두 표본의 평균 값이 유의하게 다른지를 검정하며, t-통계량 값과 p-값을 반환한다.

- t-통계량 값을 t_stat 변수에 저장하고, p-값을 p_value 변수에 저장한다.

- round(t_stat, 4)로 반올림한 t-통계량 값을 t_stat 변수에 다시 저장하고 출력한다.

- 음수인 경우는 첫 번째 그룹의 평균이 두 번째 그룹의 평균보다 작은 것을 의미하며, 양수인 경우는 첫 번째 그룹의 평균이 두 번째 그룹의 평균보다 큰 것을 의미한다.

③ 위의 통계량에 대한 p-값을 구하여 입력하시오. (반올림하여 소수 넷째 자리까지 계산)

```
p_value = round(p_value, 4)

print(p_value)
```

실행 결과

```
0.0044
```

- _stat, p_value = ttest_ind(age_survived, age_not_survived) 코드에서 이미 구한 p_value를 반올림하여 재저장한 후 출력한다.

④ 유의수준 0.05 이하에서 가설검정의 결과를 (채택/기각) 중 하나를 선택하여 입력하시오.
- 가설 검정 결과는 유의수준 0.05에서 p-값과 비교하여 판단한다. 일반적으로 유의수준 0.05에서 p-값이 0.05보다 작으면 귀무가설을 기각하고 대립가설을 채택한다.

기각

● p-값이 0.0044라면 0.05보다 작으므로, 귀무가설을 기각하고 대립가설을 받아들인다.

(2) 카이제곱 검정

Part2/3유형 폴더의 titanic.csv 파일을 🔼코랩 세션저장소에 업로드한다.

주어진 데이터에는 타이타닉 승객의 생존 여부가 저장되어 있다. 객실등급별 생존 여부가 통계적으로 유의미한지 카이제곱검정을 통해 답하고자 한다. 가설은 아래와 같다.

● H_0: 객실 등급과 생존 여부는 독립적이다.

● H_1: 객실 등급과 생존 여부는 독립적이지 않다.

① 객실등급별 생존율을 rate 변수에 지정하여 나타내시오.

```python
import pandas as pd
from scipy.stats import chi2_contingency

df = pd.read_csv('titanic.csv')

# 객실 등급별 생존 여부 교차표 생성
cross_tab = pd.crosstab(df['Pclass'], df['Survived'])

# 객실 등급별 생존율 계산
rate = cross_tab[1] / (cross_tab[0] + cross_tab[1])

print(rate)
```

```
Pclass
1    0.629630
2    0.472826
3    0.242363
dtype: float64
```

- 객실 등급과 생존 여부에 대한 교차표를 생성하고, 이를 이용하여 생존율을 계산하고 출력한다.

② 위의 가설을 검정하기 위한 검정통계량을 입력하시오. (반올림하여 소수 둘째 자리까지 계산)

 따라하기

```
# 카이제곱 검정 수행
chi2_stat, p_value, _, _ = chi2_contingency(cross_tab)

# 카이제곱 검정 통계량 값을 소수 넷째 자리까지 반올림하여 출력
chi2_stat = round(chi2_stat, 2)
print(chi2_stat)
```

실행 결과
```
102.89
```

- chi2_stat은 카이제곱 검정 통계량을 나타내고, p_value는 카이제곱 검정의 유의확률을 나타낸다.
- 반올림한 카이제곱 검정 통계량을 chi2_stat 변수에 다시 저장하고 출력한다.

③ 위의 통계량에 대한 p-값을 구하여 입력하시오.

 따라하기

```
print(p_value)
```

실행 결과
```
4.549251711298793e-23
```

- chi2_stat, p_value, _, _ = chi2_contingency(cross_tab) 코드에서 이미 구한 p_value를 출력한다.

④ 유의수준 0.05 이하에서 가설검정의 결과를 (채택/기각) 중 하나를 선택하여 입력하시오.
- 귀무가설 기각, 두 그룹의 나이 평균에 통계적으로 유의미한 차이가 있다고 할 수 있다.

답안 예시
```
기각
```

- p값이 4.549251711298793e-23으로 매우 작으므로 귀무가설은 기각된다. 즉, 객실 등급과 생존 여부는 독립적이지 않으며, 둘 사이에 통계적으로 유의미한 관계가 있다고 할 수 있다.

(3) 적합성 검정

 데이터 가져오기

Part2/3유형 폴더의 titanic.csv 파일을 🔼코렙 세션저장소에 업로드한다.

주어진 데이터에는 타이타닉 승객의 생존 여부가 저장되어 있다. 승객의 성별 분포가 기대되는 비율과 일치하는지 카이제곱검정을 통해 답하고자 한다. 가설은 아래와 같다.

- 기대비율: 남성 50%, 여성 50%
- H_0: 승객의 성별은 기대되는 비율과 일치한다.
- H_1: 승객의 성별은 기대되는 비율과 일치하지 않는다.

① 성별에 따른 나이의 표준편차를 구하시오.

 따라하기

```
import pandas as pd
from scipy.stats import chi2_contingency

# 타이타닉 데이터 셋 불러오기
df = pd.read_csv('titanic.csv')
```

따라하기

```
age_std_by_sex = df.groupby('Sex')['Age'].std()
age_std_by_sex
```

실행 결과

```
Sex
female    14.110146
male      14.678201
Name: Age, dtype: float64
```

- 'Sex' 열을 기준으로 데이터를 그룹화한 뒤, 각 그룹 내에서 'Age' 열의 표준편차를 계산하여 'age_std_by_sex' 변수에 저장한다.

② 위의 가설을 검정하기 위한 검정통계량을 입력하시오. (반올림하여 소수 넷째 자리까지 계산)

따라하기

```
# 생존 여부의 분포 계산
observed_counts = df['Survived'].value_counts()

expected_counts = [len(df) * 0.5, len(df) * 0.5]

# 교차표 생성
observed = pd.DataFrame(observed_counts)
expected = pd.DataFrame(expected_counts)
cross_tab = pd.concat([observed, expected], axis=1)

# 적합성 검정 수행
chi2_stat, p_value, _, _ = chi2_contingency(cross_tab)
chi2_stat = round(chi2_stat, 4)

print(chi2_stat)
```

실행 결과

23.9056

- 'Survived' 열의 값(0 또는 1)의 빈도를 계산하여 생존 여부의 분포를 확인하고 예상분포를 가정한다.

- 교차표를 생성하여 적합성 검정을 수행하고 카이제곱 통계량을 반올림하여 'chi2_stat' 변수에 재저장 후 출력한다.

- 해당 검정에서 얻은 카이제곱 통계량은 표본 데이터가 기대되는 비율과 얼마나 차이가 있는지를 나타내며, 이 값이 클수록 실제 관찰된 빈도와 기대되는 빈도 사이의 차이가 크다는 것을 의미한다.

③ 위의 통계량에 대한 p-값을 구하여 입력하시오.

```
print(p_value)
```

1.0117576602166229e-06

- chi2_stat, p_value, _, _ = chi2_contingency(cross_tab) 코드에서 이미 구한 p_value를 출력한다.

④ 유의수준 0.05 이하에서 가설검정의 결과를 (채택/기각) 중 하나를 선택하여 입력하시오.

기각

- p-value가 1.0117576602166229e-06으로 매우 작은 값이므로 귀무가설을 기각하고 대립가설을 받아들인다. 승객의 성별 분포는 기대되는 비율과 일치하지 않으며, 둘 사이에 통계적으로 유의미한 차이가 있다고 할 수 있다.

(4) 분산분석

Part2/3유형 폴더의 mtcars.csv 파일을 코랩 세션저장소에 업로드한다.

주어진 데이터('mtcars.csv')에는 자동차의 속성이 저장되어 있다. 'cyl' 변수를 기준으로 세 개의 그룹으로 나누고, 'mpg' 변수의 평균 차이가 있는지 여부를 분산분석을 통해 답하고자 한다. 가설은 아래와 같다.

- mpg: 연비(Miles per Gallon, 갤런당 마일 수)
- cyl: 실린더 수(Number of Cylinders)
- H_0: 모든 그룹의 평균은 같다.
- H_1: 적어도 하나의 그룹의 평균은 다른 그룹과 다르다.

① 각 그룹의 평균을 반올림하여 소수 둘째 자리까지 구하시오.

```
import pandas as pd
from scipy.stats import f_oneway

df = pd.read_csv('mtcars.csv')

group1 = df[df['cyl'] == 4]['mpg']
group2 = df[df['cyl'] == 6]['mpg']
group3 = df[df['cyl'] == 8]['mpg']

mean_group1 = round(group1.mean(), 2)
mean_group2 = round(group2.mean(), 2)
mean_group3 = round(group3.mean(), 2)

print(mean_group1,mean_group2,mean_group3)
```

실행 결과
```
26.66 19.74 15.1
```

- 'cyl' 변수, 즉 실린더 개수가 4개, 6개, 8개인 그룹으로 나누어 group변수에 저장한다.

- 각 그룹의 mpg의 평균을 반올림하여 소수 둘째 자리까지 나타낸 것을 mean_group 변수에 저장하고 출력한다.

② 위의 가설을 검정하기 위한 검정통계량을 입력하시오. (반올림하여 소수 넷째 자리까지 계산)

```
# 분산분석 수행
f_statistic, p_value = f_oneway(group1, group2, group3)

print(round(f_statistic,4))
```

실행 결과
```
39.6975
```

- 분산분석을 수행하여 F-통계량과 p-값을 계산한다.

- F-통계량은 분산분석에서 그룹 간의 분산의 비율을 나타내며, 그룹 간의 평균 차이에 대한 유의성을 평가하는 데 사용된다.

③ 위의 통계량에 대한 p-값을 구하여 입력하시오.

```
print(p_value)
```

```
4.978919174400203e-09
```

- f_statistic, p_value = f_oneway(group1, group2, group3) 코드에서 이미 구한 p_value를 출력한다.

④ 유의수준 0.05 이하에서 가설검정의 결과를 (채택/기각) 중 하나를 선택하여 입력하시오.

기각

- p-value가 4.978919174400203e-09로 매우 작은 값이므로 귀무가설을 기각하고 대립가설을 받아들인다. 즉, 평균이 유의미하게 차이가 있다.

(5) Mann-Whitney U

Part2/3유형 폴더의 mtcars.csv 파일을 코랩 세션저장소에 업로드한다.

주어진 데이터('mtcars.csv')에는 자동차의 속성이 저장되어 있다. 이 두 그룹 간의 연비 차이를 비교하여, 두 엔진 모양 간의 연비 차이가 통계적으로 유의미한지를 Mann-Whitney U을 통해 답하고자 한다. 가설은 아래와 같다.

- mpg: 연비(Miles per Gallon, 갤런당 마일 수)
- vs: 엔진 형태(V 형태 또는 직선 형태)
- H_0: 모든 그룹의 평균은 같다.
- H_1: 적어도 하나의 그룹의 평균은 다른 그룹과 다르다.

① 'vs' 변수를 기준으로 그룹을 나눈 뒤, 'hp' 변수(마력)의 최대치를 구하시오.

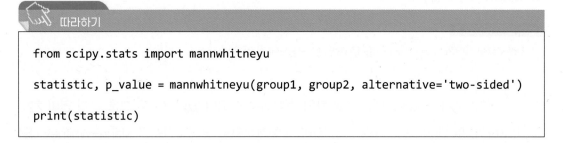
따라하기

```python
import pandas as pd
from scipy.stats import mannwhitneyu

df = pd.read_csv('mtcars.csv')

group1 = df[df['vs'] == 0]['hp']
group2 = df[df['vs'] == 1]['hp']

max_group1 = group1.max()
max_group2 = group2.max()

max_hp_difference = max_group1 - max_group2

print( max_hp_difference)
```

실행 결과
212

- 'vs' 변수를 기준으로 그룹을 나눈 각 그룹의 'hp' 변수(마력)의 최대치를 구하여 저장한다.
- '-' 연산자를 사용하여 최대치의 차이를 구하여 'max_hp_difference' 변수에 저장한다.

② 위의 가설을 검정하기 위한 검정통계량을 입력하시오.

따라하기

```python
from scipy.stats import mannwhitneyu

statistic, p_value = mannwhitneyu(group1, group2, alternative='two-sided')

print(statistic)
```

실행 결과
236.0

- 비교하려는 두 개 그룹의 데이터를 입력하여 Mann-Whitney U 검정을 수행하여 통계량과 p-값을 계산한다.
- alternative='two-sided'는 양측 검정 수행의 의미이다.

③ 위의 통계량에 대한 p-값을 구하여 입력하시오.

 따라하기

```
print(p_value)
```

실행 결과

3.104346559654811e-05

- statistic, p_value = mannwhitneyu(group1, group2, alternative='two-sided') 코드에서 이미 구한 p_value를 출력한다.

④ 유의수준 0.05 이하에서 가설검정의 결과를 (채택/기각) 중 하나를 선택하여 입력하시오.

답안 예시

기각

- p-value가 3.104346559654811e-05로 매우 작은 값이므로 귀무가설을 기각하고 대립가설을 받아들인다. 두 그룹 간의 중앙값 차이가 통계적으로 유의미하다고 할 수 있다.

더 멋진 내일(Tomorrow)을 위한 내일(My Career)

내 일 은 빅 데 이 터 분 석 기 사 실 기

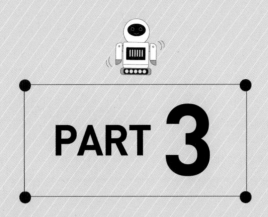

PART 3

기출변형 모의고사

01 기출변형 모의고사 1회

작업형 1

문제 1

avocado 데이터 셋의 AveragePrice가 1 이하인 레코드를 구하고 해당 레코드의 conventional와 organic의 비율을 정수로 구하시오.

문제 2

avocado 데이터 셋의 type이 'conventional'인 경우의 Total Volume 최솟값과 organic인 경우의 Total Volume 최댓값의 차를 정수로 구하시오.

문제 3

avocado 데이터 셋에서 평균소비량이 가장 높은 다섯 개 지역의 평균가격과 가장 낮은 다섯 개 지역의 차를 소수 둘째 자리까지 구하시오.

작업형 2

아래는 와인의 특성에 따라 와인을 세 종류로 예측하는 데이터이다.

(가) 제공 데이터 목록

- y_train.csv: 와인의 종류(학습용)
- x_train.csv, x_test.csv: 와인의 특성(학습용 및 평가용)

(나) 데이터 형식 및 내용

- y_train.csv

	class
0	2
1	0
2	0
3	0
4	0
...	...
137	1
138	1
139	0
140	1
141	1

* class: 와인의 종류

- x_train.csv

	Alcohol	Malic acid	Ash	Alcalinity of ash	Magnesium	Total phenols	Flavanoids	Nonflavanoid phenols	Proanthocyanins	Color intensity	Hue	OD280/OD315 of diluted wines	Proline
0	12.45	3.03	2.64	27.0	97.0	1.90	0.58	0.63	1.14	7.50	0.67	1.73	880.0
1	13.73	1.50	2.70	22.5	101.0	3.00	3.25	0.29	2.38	5.70	1.19	2.71	1285.0
2	14.12	NaN	2.32	16.8	95.0	2.20	2.43	0.26	1.57	5.00	1.17	2.82	1280.0
3	13.05	1.73	NaN	12.4	92.0	2.72	3.27	0.17	2.91	7.20	1.12	2.91	1150.0
4	13.56	1.71	2.31	16.2	117.0	3.15	3.29	0.34	2.34	NaN	0.95	3.38	795.0
...	...	...	...	...	...	...	...	...	...	...	...	...	...
137	12.29	1.61	2.21	20.4	103.0	1.10	1.02	0.37	1.46	3.05	NaN	1.82	870.0
138	12.42	2.55	2.27	22.0	90.0	1.68	1.84	0.66	1.42	2.70	0.86	3.30	315.0
139	14.75	NaN	2.39	11.4	91.0	3.10	3.69	0.43	2.81	5.40	1.25	NaN	1150.0
140	12.00	1.51	2.42	22.0	86.0	1.45	1.25	0.50	1.63	3.60	1.05	2.65	450.0
141	12.60	1.34	1.90	18.5	88.0	1.45	1.36	0.29	1.35	2.45	1.04	2.77	562.0

학습용 데이터(y_train.csv, X_train.csv)를 이용하여 와인 종류예측 모형을 만든 후, 이를 평가용 데이터(X_test.csv)에 적용하여 얻은 와인 종류 예측값을 다음과 같은 형식의 CSV 파일로 생성하시오. (제출한 모델의 성능은 F-1 score 평가지표에 따라 채점)

유의사항

- 성능이 우수한 예측모형을 구축하기 위해서는 적절한 데이터 전처리, Feature Engineering, 분류 알고리즘 사용, 초매개변수 최적화, 모형 앙상블 등이 수반되어야 한다.

- 이름.csv(예: 0000.csv) 파일이 만들어지도록 코드를 제출한다.

- 제출한 모델의 성능은 F-1 score 평가지표에 따라 채점한다.

작업형 3

주어진 데이터(1-3.csv)에는 학생 200명의 운동 전과 운동 한달 후의 체중 변화가 저장되어 있다. 운동이 체중 변화에 효과가 있는지(즉, 운동 후의 체중이 감소했는지) 쌍체표본 +−검정 (paired t-test)을 통해 답하고자 한다. 가설은 아래와 같다.

- μ_d: (운동 후 체중 − 운동 전 체중)의 평균
- H_0: $\mu_d \geq 0$: 운동 전후에 체중 감소가 없다. (평균 변화 = 0)
- H_1: $\mu_d < 0$: 운동 전후에 체중 감소가 있다.
- Before_Weight: 운동 전 체중
- After_Weight: 운동 후 체중

① μ_d의 표본평균을 입력하시오. (반올림하여 소수 둘째 자리까지 계산)

② 위의 가설을 검정하기 위한 검정통계량을 입력하시오. (반올림하여 소수 넷째 자리까지 계산)

③ 위의 통계량에 대한 p−값을 구하여 입력하시오.

④ 유의수준 0.05 이하에서 가설검정의 결과를 (채택/기각) 중 하나를 선택하여 입력하시오. 가설 검정 결과는 유의수준 0.05에서 p−값과 비교하여 판단한다.

02 기출변형 모의고사 2회

📂 데이터 가져오기

Part3/모의고사 2 폴더의

Students.csv: 작업형 1,

card_x_train.csv, card_y_train.csv, card_x_test.csv: 작업형 2,

2-3: 작업형 3

파일을 🔼colab 세션저장소에 업로드한다.

작업형 1

문제 1

Students 데이터 셋의 score 칼럼의 합계 컬럼 Total을 추가하시오. score의 합계가 가장 높은 그룹을 구하시오.

문제 2

Students 데이터 셋의 math score가 상위 10%인 학생과 하위 10%인 학생들의 writing score 평균의 차를 정수형으로 구하시오.

문제 3

Students 데이터 셋의 lunch 변수를 수치형 변수로 인코딩한 후 해당 변수와 Total의 상관계수를 반올림하여 소수 둘째 자리까지 구하시오.

작업형 2

아래는 신용카드의 거래데이터이다.

(가) 제공 데이터 목록

● card_y_train.csv: 사기거래 여부(학습용)

● card_x_train.csv, card_x_test.csv: 신용카드 거래 유형(학습용 및 평가용)

(나) 데이터 형식 및 내용

● card_y_train.csv

	Class
0	0.0
1	0.0
2	0.0
3	0.0
4	0.0
...	...
25014	0.0
25015	0.0
25016	0.0
25017	0.0
25018	0.0

* Class: 사기거래 여부(1=사기거래)

● card_x_train.csv

	Time	V1	V2	V3	V4	V5	V6	V7	V8	V9	...	V20	V21	V22	V23	V24	V2
count	25019.000000	25019.000000	25019.000000	25019.000000	25019.000000	25019.000000	25019.000000	25019.000000	25019.000000	25019.000000	...	25019.000000	25019.000000	25019.000000	25019.000000	25019.000000	25019.00000
mean	24009.613933	-0.198571	0.069718	0.725039	0.208334	-0.225732	0.099048	-0.111268	0.030114	0.252207	...	0.043129	-0.032836	-0.115068	-0.042485	0.009326	0.13645
std	12412.528611	1.796248	1.492103	1.520081	1.399461	1.379344	1.303823	1.250338	1.211341	1.226061	...	0.664669	0.760050	0.637394	0.515946	0.588805	0.43471
min	0.000000	-30.552380	-25.936137	-31.103685	-5.172595	-42.147898	-16.107178	-21.922811	-27.598367	-7.175097	...	-13.694584	-14.045185	-8.593642	-19.254328	-2.836627	-4.78160
25%	12457.000000	-0.954532	-0.498416	0.250233	-0.701205	-0.824551	-0.644480	-0.597111	-0.159314	-0.527747	...	-0.160874	-0.240014	-0.537473	-0.179006	-0.324758	-0.12711
50%	28966.000000	-0.229621	0.114296	0.836860	0.198563	-0.256915	-0.162589	-0.073647	0.042570	0.131485	...	-0.021676	-0.081923	-0.087515	-0.052445	0.063008	0.17551
75%	34232.000000	1.161859	0.757779	1.456171	1.090155	0.294218	0.485412	0.487794	0.304589	0.979120	...	0.166013	0.093892	0.290487	0.075649	0.398947	0.42227
max	38241.000000	1.960497	16.713389	4.101716	11.927512	24.369532	22.529298	36.677268	20.007206	10.326133	...	15.815051	22.614389	4.534454	13.876221	3.990646	5.52509

학습용 데이터를 이용하여 신용카드 거래의 사기 여부 예측모형을 만든 후, 이를 평가용 데이터에 적용하여 얻은 사기 여부 예측 값을 다음과 같은 형식의 CSV 파일로 생성하시오. (제출한 모델의 성능은 정확도 평가지표에 따라 채점)

유의사항

- 성능이 우수한 예측모형을 구축하기 위해서는 적절한 데이터 전처리, Feature Engineering, 분류 알고리즘 사용, 초매개변수 최적화, 모형 앙상블 등이 수반되어야 한다.

- 이름.csv(예: 0000.csv) 파일이 만들어지도록 코드를 제출한다.

- 제출한 모델의 성능은 정확도 평가지표에 따라 채점한다.

작업형 3

주어진 데이터(2-3.csv)에는 광고의 클릭률이 저장되어 있다. 모든 광고의 클릭률이 동일한지 카이제곱 검정을 통해 답하고자 한다. 가설은 아래와 같다.

- H_0: 각 광고의 클릭률이 차이가 없다.
- H_1: 적어도 하나의 광고의 클릭률이 다른 광고와 다르다.
- p_A: A광고의 클릭률
- p_B: B광고의 클릭률
- p_C: C광고의 클릭률

① p_C의 표본평균을 정수 형태로 입력하시오.

② 위의 가설을 검정하기 위한 검정통계량을 입력하시오. (반올림하여 소수 넷째 자리까지 계산)

③ 위의 통계량에 대한 p-값을 구하여 입력하시오.

④ 유의수준 0.05 이하에서 가설검정의 결과를 (채택/기각) 중 하나를 선택하여 입력하시오.
　 가설 검정 결과는 유의수준 0.05에서 p-값과 비교하여 판단한다.

03 기출변형 모의고사 3회

> **데이터 가져오기**
>
> Part3/모의고사 3 폴더의
> Mental Health.csv: 작업형 1,
> house_x_train.csv, house_y_train.csv, house_x_test.csv: 작업형 2,
> 3-3: 작업형 3
> 파일을 🔖colab 세션저장소에 업로드한다.

작업형 1

문제 1

Mental Health 데이터 셋의 Age 컬럼을 최소-최대 정규화하여라.(결측값은 Age 컬럼의 평균 값으로 대체한다.) 이후 Age가 0.7 이상인 레코드의 개수를 구하시오.

문제 2

Mental Health 데이터 셋의 Timestamp 컬럼을 활용해 오전(12:00 이전)과 오후(12:00 이후)를 구분하는 컬럼을 추가하라. (컬럼명: AM/PM) 위에서 추가한 컬럼에서 오전에 응답한 학생들 중 'specialist for a treatment' 컬럼에서 No라고 답한 레코드의 수를 구하시오.

문제 3

Mental Health 데이터 셋의 [Marital status, Depression, Anxiety, Panic attack, specialist for a treatment] 변수를 모두 수치형 변수로 변환하고, 그 합계점수 컬럼을 생성하시오. 합계컬럼 이 가장 높은 상위 10개 학생들 중 가장 많은 current year of Study를 나타내시오.

작업형 2

아래는 캘리포니아 집값 데이터이다.

(가) 제공 데이터 목록

● house_y_train.csv: 캘리포니아 집 값

● house_x_train.csv, house_x_test.csv: 집의 특성

(나) 데이터 형식 및 내용

● house_y_train.csv

	median_house_value
0	103000.0
1	382100.0
2	172600.0
3	93400.0
4	96500.0
...	...
16507	229200.0
16508	97800.0
16509	222100.0
16510	283500.0
16511	325000.0

* median_house_value: 집 값

● house_x_train.csv

	longitude	latitude	housing_median_age	total_rooms	total_bedrooms	population	households	median_income	ocean_proximity
0	-117.03	32.71	33.0	3126.0	627.0	2300.0	623.0	3.2596	NEAR OCEAN
1	-118.16	33.77	49.0	3382.0	787.0	1314.0	756.0	3.8125	NEAR OCEAN
2	-120.48	34.66	4.0	1897.0	331.0	915.0	336.0	4.1563	NEAR OCEAN
3	-117.11	32.69	36.0	1421.0	367.0	1418.0	355.0	1.9425	NEAR OCEAN
4	-119.80	36.78	43.0	2382.0	431.0	874.0	380.0	3.5542	INLAND
...	...	...	...	...	...	...	...	...	...
16507	-117.96	33.78	35.0	1330.0	201.0	658.0	217.0	6.3700	<1H OCEAN
16508	-117.43	34.02	33.0	3084.0	570.0	1753.0	449.0	3.0500	INLAND
16509	-118.38	34.03	36.0	2101.0	569.0	1756.0	527.0	2.9344	<1H OCEAN
16510	-121.96	37.58	15.0	3575.0	597.0	1777.0	559.0	5.7192	<1H OCEAN
16511	-122.42	37.77	52.0	4226.0	1315.0	2619.0	1242.0	2.5755	NEAR BAY

학습용 데이터를 이용하여 캘리포니아 집 값 예측 모형을 만든 후 이를 평가용 데이터에 적용하여 얻은 집 값의 예측 값을 다음과 같은 형식의 CSV 파일로 생성하시오. (제출한 모델의 성능은 MAE 평가지표에 따라 채점)

유의사항

- 성능이 우수한 예측모형을 구축하기 위해서는 적절한 데이터 전처리, Feature Engineering, 분류 알고리즘 사용, 초매개변수 최적화, 모형 앙상블 등이 수반되어야 한다.

- 이름.csv(예: 0000.csv) 파일이 만들어지도록 코드를 제출한다.

- 제출한 모델의 성능은 MAE 평가지표에 따라 채점한다.

작업형 3

주어진 데이터(3-3.csv)에는 학생 200명의 시험성적 평균이 저장되어 있다. 해당 교육방법 별로 시험 성적이 다른지 분산분석(oneway ANOVA)을 통해 답하고자 한다. 가설은 아래와 같다.

- H_0: 세 가지 교육 방법의 시험 성적이 차이가 없다.
- H_1: 적어도 한 교육 방법의 시험 성적이 다르다.

① 각 그룹의 분산을 입력하시오. (반올림하여 소수 둘째 자리까지 계산)

② 위의 가설을 검정하기 위한 검정통계량을 입력하시오. (반올림하여 소수 둘째 자리까지 계산)

③ 위의 통계량에 대한 p-값을 구하여 입력하시오.

④ 유의수준 0.05 이하에서 가설검정의 결과를 (채택/기각) 중 하나를 선택하여 입력하시오. 가설 검정 결과는 유의수준 0.05에서 p-값과 비교하여 판단한다.

04 기출변형 모의고사 4회

> **데이터 가져오기**
>
> Part3/모의고사 4 폴더의
> Loan_Default.csv: 작업형 1,
> heart_x_train.csv, heart_y_train.csv, heart_x_test.csv: 작업형 2,
> 4-3: 작업형 3
> 파일을 🔖colab 세션저장소에 업로드한다.

작업형 1

문제 1

Loan_Default 데이터 셋을 불러오고 int_rate 컬럼의 사분위값 기준 하위 25%의 값들의 평균 값을 정수 형태로 구하시오.

문제 2

Loan_Default 데이터 셋을 불러오고 loan_amnt 컬럼 상위 10%의 annual_inc과 하위 10%의 annual_inc의 차를 정수 형태로 구하시오. (loan_amnt, annual_inc 결측치는 삭제)

문제 3

Loan_Default 데이터 셋을 불러오고 annual_inc 컬럼과 int_rate 컬럼의 상관계수를 소수 셋째 자리까지 반올림하여 구하시오.

작업형 2

아래는 심부전 환자의 데이터이다.

(가) 제공 데이터 목록

● heart_y_train.csv: 사망여부 (학습용)

● heart_x_train.csv, heart_x_test.csv: 환자의 속성(학습용 및 평가용)

(나) 데이터 형식 및 내용

● heart_y_train.csv

	DEATH_EVENT
0	1
1	1
2	1
3	0
4	1
...	...
234	0
235	0
236	0
237	0
238	0

* DEATH_EVENT: 사망 여부(1=사망)

● heart_x_train.csv

	age	anaemia	creatinine_phosphokinase	diabetes	ejection_fraction	high_blood_pressure	platelets	serum_creatinine	serum_sodium	sex	smoking	time
0	75.000	1	246	0	15	0	127000.00	1.20	137	1	0	10
1	75.000	0	99	0	38	1	224000.00	2.50	134	1	0	162
2	60.667	1	104	1	30	0	389000.00	1.50	136	1	0	171
3	52.000	0	132	0	30	0	218000.00	0.70	136	1	1	112
4	94.000	0	582	1	38	1	263358.03	1.83	134	1	0	27
...	...	...	...	...	...	...	...	...	...	...	...	...
234	60.667	1	151	1	40	1	201000.00	1.00	136	0	0	172
235	58.000	0	582	1	35	0	122000.00	0.90	139	1	1	71
236	55.000	0	748	0	45	0	263000.00	1.30	137	1	0	88
237	44.000	0	582	1	30	1	263358.03	1.60	130	1	1	244
238	80.000	0	898	0	25	0	149000.00	1.10	144	1	1	87

학습용 데이터를 이용하여 사망 여부 예측모형을 만든 후 이를 평가용 데이터에 적용하여 얻은 환의 사망 여부 예측값(사망할 확률)을 다음과 같은 형식의 CSV 파일로 생성하시오.(제출한 모델의 성능은 정확도 평가지표에 따라 채점)

유의사항

- 성능이 우수한 예측모형을 구축하기 위해서는 적절한 데이터 전처리, Feature Engineering, 분류 알고리즘 사용, 초매개변수 최적화, 모형 앙상블 등이 수반되어야 한다.

- 이름.csv(예: 0000.csv) 파일이 만들어지도록 코드를 제출한다.

- 제출한 모델의 성능은 정확도 평가지표에 따라 채점한다.

작업형 3

주어진 데이터(4-3.csv)에는 사람들에게 계단을 일정한 시간 동안 오르내리도록 시킨 후 계단 사용 전과 후에 혈압을 측정한 결과가 저장되어 있다. 계단을 활용하는 것이 혈압안정화에 효과가 있는지 Wilcoxon signed rank test를 통해 답하고자 한다. 가설은 아래와 같다.

- μ_d : (계단 오르기 전 혈압 – 계단 오른 후 혈압)의 평균
- H_0 : $\mu_d \geq 0$
- H_1 : $\mu_d < 0$
- bp_before: 계단 오르기 전 혈압
- bp_after: 계단 오른 후 혈압

① μ_d의 최댓값을 입력하시오. (반올림하여 소수 둘째 자리까지 계산)

② 위의 가설을 검정하기 위한 검정통계량을 정수 형태로 입력하시오.

③ 위의 통계량에 대한 p-값을 구하여 입력하시오.

④ 유의수준 0.05 이하에서 가설검정의 결과를 (채택/기각) 중 하나를 선택하여 입력하시오. 가설 검정 결과는 유의수준 0.05에서 p-값과 비교하여 판단한다.

05 기출변형 모의고사 5회

> **데이터 가져오기**
>
> Part3/모의고사 5 폴더의
> diabetes.csv: 작업형 1,
> cancer_x_train.csv, cancer_y_train.csv, cancer_x_test.csv: 작업형 2,
> 5-3: 작업형 3
> 파일을 colab 세션저장소에 업로드한다.

작업형 1

문제 1

diabetes 데이터 셋을 불러오고 BMI 컬럼을 표준정규화하고 0.5 이상인 레코드들의 outcome 컬럼의 비율(1인 비율)을 소수 셋째 자리까지 구하시오.

문제 2

diabetes 데이터 셋을 불러오고 outcome 컬럼의 값이 1인 데이터그룹과 0인 데이터그룹의 각 컬럼별 독립변수의 표준편차 값의 차이를 구할 때 그 차이가 가장 작은 컬럼명을 구하여라.

문제 3

diabetes 데이터 셋을 불러오고 'Age' 컬럼을 '30대 이하', '40대 이하', '60대 이상'으로 구분하여 각 그룹 BloodPressure 컬럼의 평균을 정수 형태로 구하시오.

작업형 2

아래는 유방암의 특성 데이터이다.

(가) 제공 데이터 목록

- cancer_y_train.csv: 암의 악성 또는 양성 여부(학습용)

- cancer_x.csv, cancer_x.csv: 암의 속성(학습용 및 평가용)

(나) 데이터 형식 및 내용

- cancer_y_train.csv

	diagnosis
0	B
1	M
2	B
3	B
4	B
...	...
450	B
451	B
452	B
453	M
454	B

* diagnosis: 암의 양성 및 악성 여부(M=악성)

- cancer_x.csv

	id	radius_mean	texture_mean	perimeter_mean	area_mean	smoothness_mean	compactness_mean	concavity_mean	concave points_mean	symmetry_mean	...	radius_worst	texture_worst	perimeter_worst	area_worst	smoothness_worst	comp
0	859471	9.029	17.33	58.79	250.5	0.10660	0.14130	0.31300	0.04375	0.2111	...	10.31	22.65	65.50	324.7	0.14820	
1	872593	21.090	26.57	142.70	1311.0	0.11410	0.28320	0.24570	0.14960	0.2395	...	26.68	33.48	176.50	2089.0	0.14910	
2	859196	9.173	13.86	59.20	260.9	0.07721	0.08751	0.05988	0.02180	0.2341	...	10.01	19.23	65.59	310.1	0.09836	
3	9846502	10.650	25.22	68.01	347.0	0.09657	0.07234	0.02379	0.01615	0.1897	...	12.25	35.19	77.98	455.7	0.14990	
4	858970	10.170	14.88	64.55	311.9	0.11340	0.08061	0.01084	0.01290	0.2743	...	11.02	17.45	69.86	368.6	0.12750	

학습용 데이터를 이용하여 암의 양성 또는 악성 예측 모형을 만든 후 이를 평가용 데이터에 적용하여 얻은 암의 양성 또는 악성 예측값(악성일 확률)을 다음과 같은 형식의 CSV 파일로 생성하시오.(제출한 모델의 성능은 ROC-AUC 평가지표에 따라 채점)

유의사항

– 성능이 우수한 예측모형을 구축하기 위해서는 적절한 데이터 전처리, Feature Engineering, 분류 알고리즘 사용, 초매개변수 최적화, 모형 앙상블 등이 수반되어야 한다.

– 이름.csv(예: 0000.csv) 파일이 만들어지도록 코드를 제출한다.

– 제출한 모델의 성능은 ROC-AUC 평가지표에 따라 채점한다.

작업형 3

주어진 데이터(5-3.csv)에는 세 도시의 대기오염 수준 데이터 300개가 저장되어 있다. 세 가지 도시의 대기 오염 수준에 차이가 있는지 크루스칼 왈리스 검정(Kruskal Wallis test)을 통해 답하고자 한다. 가설은 아래와 같다.

- H_0: 세 도시의 대기 오염 수준에 차이가 없다.
- H_1: 세 도시의 대기 오염 수준에 차이가 있다.

① 전체 데이터 셋의 오염수준 표본평균을 정수 형태로 입력하시오.

② 위의 가설을 검정하기 위한 검정통계량을 입력하시오. (반올림하여 소수 넷째 자리까지 계산)

③ 위의 통계량에 대한 p-값을 구하여 입력하시오.

④ 유의수준 0.05 이하에서 가설검정의 결과를 (채택/기각) 중 하나를 선택하여 입력하시오. 가설 검정 결과는 유의수준 0.05에서 p-값과 비교하여 판단한다.

01 기출변형 모의고사 해설 1

데이터 셋 출처
- 작업형1 kaggle datasets download -d neuromusic/avocado-prices
- 작업형2 kaggle datasets download -d brynja/wineuci

치트키

답안 표현 방법

1. int
정수를 표현한다. 즉, 소수부분은 버려진다.

2. f-string(파이썬 3.6 버전 이상)
변수 값을 문자열로 포맷팅한다.

3. round
부동소수점 숫자의 반올림을 수행하는 데 사용한다.

따라하기

```
a = 3.141592

print(int(a))
print(f"{a:.2f}")
print(round(a, 2))
```

실행 결과
```
3
3.142
3.142
```

해당 해설은 예시이며, 다양한 해설이 존재할 수 있다.

작업형1

● 데이터 파악하기

 따라하기

```
import pandas as pd

df = pd.read_csv("avocado.csv")

df
```

	Unnamed: 0	Date	AveragePrice	Total Volume	4046	4225	4770	Total Bags	Small Bags	Large Bags	XLarge Bags	type	year	region
0	0	2015-12-27	1.33	64236.62	1036.74	54454.85	48.16	8696.87	8603.62	93.25	0.0	conventional	2015	Albany
1	1	2015-12-20	1.35	54876.98	674.28	44638.81	58.33	9505.56	9408.07	97.49	0.0	conventional	2015	Albany
2	2	2015-12-13	0.93	118220.22	794.70	109149.67	130.50	8145.35	8042.21	103.14	0.0	conventional	2015	Albany
3	3	2015-12-06	1.08	78992.15	1132.00	71976.41	72.58	5811.16	5677.40	133.76	0.0	conventional	2015	Albany
4	4	2015-11-29	1.28	51039.60	941.48	43838.39	75.78	6183.95	5986.26	197.69	0.0	conventional	2015	Albany
...	...	...	...	...	...	...	...	...	...	...	...	...	...	...
18244	7	2018-02-04	1.63	17074.83	2046.96	1529.20	0.00	13498.67	13066.82	431.85	0.0	organic	2018	WestTexNewMexico
18245	8	2018-01-28	1.71	13888.04	1191.70	3431.50	0.00	9264.84	8940.04	324.80	0.0	organic	2018	WestTexNewMexico
18246	9	2018-01-21	1.87	13766.76	1191.92	2452.79	727.94	9394.11	9351.80	42.31	0.0	organic	2018	WestTexNewMexico
18247	10	2018-01-14	1.93	16205.22	1527.63	2981.04	727.01	10969.54	10919.54	50.00	0.0	organic	2018	WestTexNewMexico
18248	11	2018-01-07	1.62	17489.58	2894.77	2356.13	224.53	12014.15	11988.14	26.01	0.0	organic	2018	WestTexNewMexico

 따라하기

```
df.columns
```

```
Index(['Unnamed: 0', 'Date', 'AveragePrice', 'Total Volume', '4046', '4225',
       '4770', 'Total Bags', 'Small Bags', 'Large Bags', 'XLarge Bags', 'type',
       'year', 'region'],
    dtype='object')
```

 따라하기

```
df.info()
```

```
<class 'pandas.core.frame.DataFrame'>
RangeIndex: 18249 entries, 0 to 18248
Data columns (total 14 columns):
 #   Column        Non-Null Count   Dtype
---  ------        --------------   -----
 0   Unnamed: 0    18249 non-null   int64
 1   Date          18249 non-null   object
 2   AveragePrice  18249 non-null   float64
 3   Total Volume  18249 non-null   float64
 4   4046          18249 non-null   float64
 5   4225          18249 non-null   float64
 6   4770          18249 non-null   float64
 7   Total Bags    18249 non-null   float64
 8   Small Bags    18249 non-null   float64
 9   Large Bags    18249 non-null   float64
 10  XLarge Bags   18249 non-null   float64
 11  type          18249 non-null   object
 12  year          18249 non-null   int64
 13  region        18249 non-null   object
dtypes: float64(9), int64(2), object(3)
memory usage: 1.9+ MB
```

- avocado 데이터 셋의 형태와 컬럼에 대해서 파악한다.

문제 1

따라하기

```python
# AveragePrice가 1 이하 필터링
filtered_data = df[df['AveragePrice'] <= 1]

# 'type' 열 값의 개수
type_counts = filtered_data['type'].value_counts()

# 'conventional'와 'organic'의 비율 계산
con = int(type_counts.get('conventional', 0) / len(filtered_data) * 100)
org = int(type_counts.get('organic', 0) / len(filtered_data) * 100)

print(con)
print(org)
```

```
90
9
```

- type_counts.get('conventional', 0)는 'conventional' 값의 개수를 반환하며, 해당 값이 없으면 0을 반환한다.
- 위의 값을 데이터프레임의 레코드 수(len(filtered_data))로 나누어서 해당 비율을 계산하고 100을 곱하여 백분율 형태로 표현한다.

문제 2

 따라하기

```python
# 'type'이 'conventional'인 경우의 'Total Volume' 최솟값 구하기
conventional_min = df[df['type'] == 'conventional']['Total Volume'].min()

# 'type'이 'organic'인 경우의 'Total Volume' 최댓값 구하기
organic_max = df[df['type'] == 'organic']['Total Volume'].max()

# 두 값의 차 계산하고 정수로 변환
volume_difference = int(organic_max - conventional_min)

print(volume_difference)
```

실행 결과

```
1781230
```

따라하기

```
# 지역별 평균 가격과 평균 소비량 계산
region_volume = df.groupby('region').agg({'AveragePrice': 'mean', 'Total Volume': 'mean'})

# 평균 소비량을 기준으로 내림차순 정렬
sorted_regions = region_volume.sort_values('Total Volume', ascending=False)

# 상위 다섯 지역과 하위 다섯 지역 선택
top_5 = sorted_regions.head(5)
bottom_5 = sorted_regions.tail(5)

# 선택된 지역들의 평균 가격 계산
top_5_avg = top_5['AveragePrice']
bottom_5_avg = bottom_5['AveragePrice']

# 가장 높은 다섯 지역의 평균 가격과 가장 낮은 다섯 지역의 평균 가격의 차
price_difference = top_5_avg.mean() - bottom_5_avg.mean()

print("{:.2f}".format(price_difference)
```

실행 결과

```
-0.09
```

작업형2

① 데이터 파악하기

 따라하기

```
import pandas as pd

# 학습용 데이터 로드
x_train = pd.read_csv('x_train.csv')
y_train = pd.read_csv('y_train.csv')

# 평가용 데이터 로드
x_test = pd.read_csv('x_test.csv')

x_train
```

실행 결과

	Alcohol	Malic acid	Ash	Alcalinity of ash	Magnesium	Total phenols	Flavanoids	Nonflavanoid phenols	Proanthocyanins	Color intensity	Hue	OD280/OD315 of diluted wines	Proline
0	12.45	3.03	2.64	27.0	97.0	1.90	0.58	0.63	1.14	7.50	0.67	1.73	880.0
1	13.73	1.50	2.70	22.5	101.0	3.00	3.25	0.29	2.38	5.70	1.19	2.71	1285.0
2	14.12	NaN	2.32	16.8	95.0	2.20	2.43	0.26	1.57	5.00	1.17	2.82	1280.0
3	13.05	1.73	NaN	12.4	92.0	2.72	3.27	0.17	2.91	7.20	1.12	2.91	1150.0
4	13.56	1.71	2.31	16.2	117.0	3.15	3.29	0.34	2.34	NaN	0.95	3.38	795.0
...	...	...	...	...	...	...	...	...	...	...	...	...	...
137	12.29	1.61	2.21	20.4	103.0	1.10	1.02	0.37	1.46	3.05	NaN	1.82	870.0
138	12.42	2.55	2.27	22.0	90.0	1.68	1.84	0.66	1.42	2.70	0.86	3.30	315.0
139	14.75	NaN	2.39	11.4	91.0	3.10	3.69	0.43	2.81	5.40	1.25	NaN	1150.0
140	12.00	1.51	2.42	22.0	86.0	1.45	1.25	0.50	1.63	3.60	1.05	2.65	450.0
141	12.60	1.34	1.90	18.5	88.0	1.45	1.36	0.29	1.35	2.45	1.04	2.77	562.0

 따라하기

```
x_train.info()
```

```
<class 'pandas.core.frame.DataFrame'>
RangeIndex: 142 entries, 0 to 141
Data columns (total 13 columns):
 #   Column                        Non-Null Count   Dtype
---  ------                        --------------   -----
 0   Alcohol                       138 non-null     float64
 1   Malic acid                    139 non-null     float64
 2   Ash                           139 non-null     float64
 3   Alcalinity of ash             142 non-null     float64
 4   Magnesium                     141 non-null     float64
 5   Total phenols                 141 non-null     float64
 6   Flavanoids                    136 non-null     float64
 7   Nonflavanoid phenols          141 non-null     float64
 8   Proanthocyanins               141 non-null     float64
 9   Color intensity               140 non-null     float64
 10  Hue                           140 non-null     float64
 11  OD280/OD315 of diluted wines  141 non-null     float64
 12  Proline                       137 non-null     float64
dtypes: float64(13)
memory usage: 14.5 KB
```

따라하기

```
x_train.describe()
```

실행 결과

	Alcohol	Malic acid	Ash	Alcalinity of ash	Magnesium	Total phenols	Flavanoids	Nonflavanoid phenols	Proanthocyanins	Color intensity	Hue	OD280/OD315 of diluted wines	Proline
count	138.000000	139.000000	139.000000	142.000000	141.000000	141.000000	136.000000	141.000000	141.000000	140.000000	140.000000	141.000000	137.000000
mean	13.043841	2.383381	2.375755	19.636620	100.269504	2.291844	1.956912	0.362128	1.606241	5.086143	0.941643	2.601064	757.510949
std	0.790305	1.159262	0.263034	3.381205	15.000895	0.625314	0.980433	0.129559	0.549552	2.342247	0.226193	0.730498	308.697075
min	11.030000	0.890000	1.360000	10.600000	70.000000	0.980000	0.340000	0.130000	0.410000	1.280000	0.540000	1.270000	278.000000
25%	12.370000	1.630000	2.250000	17.250000	88.000000	1.790000	1.012500	0.260000	1.280000	3.240000	0.777500	1.830000	515.000000
50%	13.065000	1.870000	2.370000	19.500000	98.000000	2.320000	2.030000	0.330000	1.560000	4.850000	0.960000	2.780000	675.000000
75%	13.705000	3.145000	2.580000	21.500000	108.000000	2.800000	2.790000	0.470000	1.960000	6.262500	1.090000	3.200000	990.000000
max	14.750000	5.800000	3.220000	30.000000	162.000000	3.880000	3.740000	0.660000	3.280000	13.000000	1.710000	4.000000	1515.000000

② 데이터 전처리

```
x_train.isnull().sum()
```

실행 결과

```
Alcohol                          4
Malic acid                       3
Ash                              3
Alcalinity of ash                0
Magnesium                        1
Total phenols                    1
Flavanoids                       6
Nonflavanoid phenols             1
Proanthocyanins                  1
Color intensity                  2
Hue                              2
OD280/OD315 of diluted wines     1
Proline                          5
dtype: int64
```

```
# 각 열의 평균값 계산
mean_values = x_train.mean()

# 결측치를 해당 열의 평균값으로 채우기
x_train = x_train.fillna(mean_values)
x_test = x_test.fillna(mean_values)

x_train.isnull().sum()
```

```
Alcohol                       0
Malic acid                    0
Ash                           0
Alcalinity of ash             0
Magnesium                     0
Total phenols                 0
Flavanoids                    0
Nonflavanoid phenols          0
Proanthocyanins               0
Color intensity               0
Hue                           0
OD280/OD315 of diluted wines  0
Proline                       0
dtype: int64
```

● 모든 열에서 결측치가 대체된 것을 확인할 수 있다.

따라하기

```python
# 표준편차가 큰 Magnesium을 표준정규화 한다.

from sklearn.preprocessing import StandardScaler
scaler = StandardScaler()

# 표준정규화 할 컬럼 선택
x_train['Magnesium'] = scaler.fit_transform(x_train[['Magnesium']])
x_test['Magnesium'] = scaler.transform(x_test[['Magnesium']])

# 결과 출력
print(x_train)
```

실행 결과

```
     Alcohol  Malic acid       Ash  Alcalinity of ash  Magnesium  \
0      12.45    3.030000  2.640000               27.0  -0.219505
1      13.73    1.500000  2.700000               22.5   0.049043
2      14.12    2.383381  2.320000               16.8  -0.353780
3      13.05    1.730000  2.375755               12.4  -0.555191
4      13.56    1.710000  2.310000               16.2   1.123238
..       ...         ...       ...                ...        ...
137    12.29    1.610000  2.210000               20.4   0.183318
138    12.42    2.550000  2.270000               22.0  -0.689465
```

```
139   14.75   2.383381  2.390000        11.4  -0.622328
140   12.00   1.510000  2.420000        22.0  -0.958014
141   12.60   1.340000  1.900000        18.5  -0.823740


     Total phenols  Flavanoids  Nonflavanoid phenols  Proanthocyanins  \
0           1.90        0.58              0.63             1.14
1           3.00        3.25              0.29             2.38
2           2.20        2.43              0.26             1.57
3           2.72        3.27              0.17             2.91
4           3.15        3.29              0.34             2.34
..           ...         ...               ...              ...
137         1.10        1.02              0.37             1.46
138         1.68        1.84              0.66             1.42
139         3.10        3.69              0.43             2.81
140         1.45        1.25              0.50             1.63
141         1.45        1.36              0.29             1.35


     Color intensity       Hue  OD280/OD315 of diluted wines  Proline
0           7.500000  0.670000                      1.730000    880.0
1           5.700000  1.190000                      2.710000   1285.0
2           5.000000  1.170000                      2.820000   1280.0
3           7.200000  1.120000                      2.910000   1150.0
4           5.086143  0.950000                      3.380000    795.0
..               ...       ...                           ...      ...
137         3.050000  0.941643                      1.820000    870.0
138         2.700000  0.860000                      3.300000    315.0
139         5.400000  1.250000                      2.601064   1150.0
140         3.600000  1.050000                      2.650000    450.0
141         2.450000  1.040000                      2.770000    562.0

[142 rows x 13 columns]
```

③ 데이터 모델링 및 평가

```
from sklearn.model_selection import train_test_split
# 훈련 데이터와 테스트 데이터 분리
X_train, X_test, y_train, y_test = train_test_split(x_train, y_train,
test_size=0.2, random_state=29)

print("X_train shape:", X_train.shape)
print("X_test shape:", X_test.shape)
print("y_train shape:", y_train.shape)
print("y_test shape:", y_test.shape)
```

실행 결과

```
X_train shape: (113, 13)
X_test shape: (29, 13)
y_train shape: (113, 1)
y_test shape: (29, 1)
```

```
import xgboost as xgb
from xgboost import XGBClassifier
from sklearn.metrics import f1_score

# XGBoost 모델 생성 및 학습
xgb_model = xgb.XGBClassifier(objective='multi:softmax', num_class=6,
random_state=42)
xgb_model.fit(X_train, y_train)

# 예측
xgb_predictions = xgb_model.predict(x_test)[:29]

# F1 스코어 평가
xgb_f1_score = f1_score(y_test, xgb_predictions, average='micro')

print(xgb_f1_score)
```

● x_test는 35개로 y_test의 29개와 수가 맞지 않으므로 [:29]를 통해 개수를 맞춘다.

```
0.5517241379310345
```

 따라하기

```
from sklearn.neighbors import KNeighborsClassifier
# KNN 모델 생성 및 학습
knn_model = KNeighborsClassifier()
knn_model.fit(X_train, y_train)
knn_predictions = knn_model.predict(x_test)

knn_f1_score = f1_score(y_test, knn_predictions, average='micro')
print(knn_f1_score)
```

실행 결과

```
0.4827586206896552
```

- XGBoost 모델이 F1 스코어가 더 높으므로 해당 모델을 제출한다.

④ 저장

따라하기

```
# 예측 결과를 데이터프레임으로 생성
df = pd.DataFrame({'Predictions': xgb_predictions})

# CSV 파일로 저장
df.to_csv('모의고사1.csv', index=False)
```

작업형 3

문제 1

```python
import pandas as pd
import numpy as np

# 학습용 데이터 로드
df = pd.read_csv('1-3.csv')

change_mean = round(np.mean(df["After_Weight"] - df["Before_Weight"]), 2)
print(change_mean)
```

실행 결과

```
-1.74
```

문제 2

```python
from scipy.stats import ttest_rel

# 쌍체표본 t-검정 실행
t_statistic, p_value = ttest_rel(df['After_Weight'], df['Before_Weight'])

# 결과 출력
t_statistic = round(t_statistic, 4)

print(t_statistic)
```

실행 결과

```
-8.3219
```

문제 3

```
print(p_value)
```

실행 결과

1.3664389990776759e-14

- 코드 t_statistic, p_value = ttest_rel(data['After_Weight'], data['Before_Weight'])에 서 구한 p값을 출력한다.

문제 4

답안 예시

기각

02 기출변형 모의고사 해설 2

데이터 셋 출처
- 작업형1 kaggle kernels pull spscientist/student-performance-in-exams
- 작업형2 kaggle datasets download -d mlg-ulb/creditcardfraud

치트키

정규화

1. Min-Max 스케일링
데이터를 특정 범위로 변환하는 방법으로, 주로 0과 1 사이의 범위로 스케일링한다.

코·드·소·개
```
from sklearn.preprocessing import MinMaxScaler
scaler = MinMaxScaler()
```

2. Z-score 정규화(Z-score normalization)
데이터를 평균과 표준편차를 사용하여 정규화하는 방법으로, 결과 데이터의 평균은 0이 되고 표준편차는 1이 된다.

코·드·소·개
```
from sklearn.preprocessing import StandardScaler
scaler = StandardScaler()
```

해당 해설은 예시이며, 다양한 해설이 존재할 수 있다.

작업형 1

 따라하기

```
import pandas as pd

df = pd.read_csv("Students.csv")

df
```

실행 결과

	gender	race/ethnicity	parental level of education	lunch	test preparation course	math score	reading score	writing score
0	female	group B	bachelor's degree	standard	none	72	72	74
1	female	group C	some college	standard	completed	69	90	88
2	female	group B	master's degree	standard	none	90	95	93
3	male	group A	associate's degree	free/reduced	none	47	57	44
4	male	group C	some college	standard	none	76	78	75
...	...	...	...	...	...	...	...	...
995	female	group E	master's degree	standard	completed	88	99	95
996	male	group C	high school	free/reduced	none	62	55	55
997	female	group C	high school	free/reduced	completed	59	71	65
998	female	group D	some college	standard	completed	68	78	77
999	female	group D	some college	free/reduced	none	77	86	86

1000 rows × 8 columns

 따라하기

```
df.columns
```

실행 결과

```
Index(['index', 'gender', 'race/ethnicity', 'parental level of education',
       'lunch', 'test preparation course', 'math score', 'reading score',
       'writing score'],
      dtype='object')
```

```
df.info()
```

실행 결과

```
<class 'pandas.core.frame.DataFrame'>
RangeIndex: 1000 entries, 0 to 999
Data columns (total 9 columns):
 #   Column                       Non-Null Count   Dtype
---  ------                       --------------   -----
 0   index                        1000 non-null    int64
 1   gender                       1000 non-null    object
 2   race/ethnicity               1000 non-null    object
 3   parental level of education  1000 non-null    object
 4   lunch                        1000 non-null    object
 5   test preparation course      1000 non-null    object
 6   math score                   1000 non-null    int64
 7   reading score                1000 non-null    int64
 8   writing score                1000 non-null    int64
dtypes: int64(4), object(5)
memory usage: 70.4+ KB
```

 따라하기

```
df.nunique()
```

실행 결과

```
gender                         2
race/ethnicity                 5
parental level of education    6
lunch                          2
test preparation course        2
math score                     81
reading score                  72
writing score                  77
dtype: int64
```

● Students 데이터 셋의 형태와 컬럼에 대해서 파악한다.

문제 1

 따라하기

```
# 'Total' 컬럼 추가
df['Total'] = df['math score'] + df['reading score'] + df['writing score']

# 각 그룹(레이스/민족)의 'Total' 합계 계산하고 가장 높은 합계를 가진 그룹 찾기
highest = df.groupby('race/ethnicity')['Total'].sum().idxmax()

print(highest)
```

실행 결과

```
group C
```

문제 2

따라하기

```
# math score를 기준으로 정렬
df_sorted = df.sort_values('math score')

# 학생 수 계산
total = len(df_sorted)
total_per= int(total * 0.1)

# writing score 평균 계산
top_avg = df_sorted.head(total_per)['writing score'].mean()
bottom_avg = df_sorted.tail(total_per)['writing score'].mean()

# 두 그룹의 writing score 평균 차이를 계산하고 정수로 변환
score_difference = int(top_avg - bottom_avg)

print(score_difference)
```

실행 결과

```
-41
```

- 전체 학생의 수를 len() 함수를 사용하여 계산한다.

- 전체 학생 수의 10%에 해당하는 학생 수를 계산하기 위해 total 값에 0.1을 곱한 뒤 정수로 변환하여 total_per 변수에 저장한다.

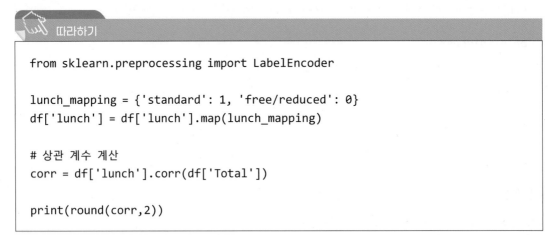

문제 3

따라하기

```
from sklearn.preprocessing import LabelEncoder

lunch_mapping = {'standard': 1, 'free/reduced': 0}
df['lunch'] = df['lunch'].map(lunch_mapping)

# 상관 계수 계산
corr = df['lunch'].corr(df['Total'])

print(round(corr,2))
```

실행 결과
```
-0.29
```

- 'lunch' 변수의 값이 'free/reduced'인 경우에 0으로, 그렇지 않은 경우에는 1로 변환하여 'lunch' 변수를 수치형 변수로 인코딩한다.

작업형 2

① 데이터 파악하기

```
import pandas as pd

# 학습용 데이터 로드
x_train = pd.read_csv('card_x_train.csv')
y_train = pd.read_csv('card_y_train.csv')

# 평가용 데이터 로드
x_test = pd.read_csv('card_x_test.csv')

x_train
```

실행 결과

	Time	V1	V2	V3	V4	V5	V6	V7	V8	V9	...	V20	V21	V22	V23	V24	V25	V26	V27	V28	Amount
0	33762	-0.576014	0.387789	1.073447	-1.330687	0.152966	-0.792367	0.570259	0.089601	-0.189746	...	0.113161	-0.013906	-0.164089	0.005383	0.028138	-0.194086	0.770346	0.158875	0.078825	38.42
1	2090	-1.207001	0.581639	0.378821	-0.483876	-1.982794	1.546298	2.204927	-1.960442	-1.618302	...	-1.193265	1.202148	-0.330406	0.219548	0.096253	-0.099698	-0.432916	0.594513	-0.010657	487.94
2	36575	1.123974	0.618305	0.317769	2.520818	0.093055	-0.679963	0.529266	-0.288856	-1.081761	...	0.000515	-0.008355	-0.103400	-0.106005	0.398955	0.627270	-0.001240	-0.029501	0.025922	49.95
3	24072	-0.806166	0.526674	2.500144	0.893591	-0.524621	0.841960	1.062864	-0.173716	2.012883	...	-0.159714	-0.464059	-0.463359	0.077477	0.355226	-0.298874	-0.824893	-0.059335	-0.105309	156.32
4	13306	-1.246764	1.721633	1.164017	-0.015505	-0.303413	-0.613297	0.143986	0.431349	0.794957	...	0.225594	-0.343073	-0.695853	0.057199	0.249283	-0.107034	0.026342	0.325861	0.161107	1.98
...	...	...	...	...	...	...	...	...	...	...	...	...	...	...	...	...	...	...	...	...	...
25014	28231	1.215467	-0.050398	0.871980	0.035799	-0.864966	-0.666862	-0.406755	-0.031210	0.057828	...	-0.012398	0.149411	0.479896	-0.011084	0.634824	0.205207	1.038652	-0.058113	0.003234	1.00
25015	7367	-3.380582	3.298020	-2.181205	-1.289386	1.221429	3.060192	-1.010814	2.195234	2.051711	...	0.924305	-0.712043	-1.313836	0.184181	0.839128	0.400770	-0.013837	-0.203006	-0.644755	14.27
25016	19619	-0.247756	1.254309	1.178603	1.290727	0.496781	-0.605885	0.957472	-0.253849	0.280065	...	-0.029724	0.304756	0.432613	-0.127321	0.368686	-0.192946	-0.271823	0.137655	0.143735	14.49
25017	654	-0.833568	0.606174	-0.051329	-2.091447	0.968764	-0.030220	0.887288	0.099009	0.834622	...	-0.375235	0.320782	1.239559	0.192074	-0.621025	-0.843584	-0.835690	0.164384	0.274361	9.90
25018	27235	0.995760	0.329196	-0.125429	2.384022	0.297580	-0.296647	0.592852	-0.134976	-1.279734	...	0.070545	0.079988	-0.083079	-0.253872	-0.002410	0.697883	0.060729	-0.065928	0.015393	113.75

25019 rows × 30 columns

```
x_train.describe()
```

실행 결과

	Time	V1	V2	V3	V4	V5	V6	V7	V8	V9	...	V20	V21	V22	V23	V24
count	25019.000000	25019.000000	25019.000000	25019.000000	25019.000000	25019.000000	25019.000000	25019.000000	25019.000000	25019.000000	...	25019.000000	25019.000000	25019.000000	25019.000000	25019.000000	25019.000
mean	24009.613933	-0.196571	0.069718	0.725039	0.208384	-0.225732	0.099048	-0.111268	0.030114	0.252207	...	0.043129	-0.032836	-0.115068	-0.042485	0.009326	0.136
std	12412.528611	1.796248	1.492103	1.520081	1.399461	1.379344	1.303823	1.250338	1.211341	1.226061	...	0.664669	0.760050	0.837394	0.515946	0.588805	0.434
min	0.000000	-30.552380	-25.936137	-31.103685	-5.172595	-42.147898	-16.107178	-21.922811	-27.596367	-7.175097	...	-13.694584	-14.045185	-8.593642	-19.254328	-2.836627	-4.781
25%	12457.000000	-0.954532	-0.498416	0.250233	-0.701205	-0.824551	-0.644480	-0.597111	-0.159714	-0.527747	...	-0.160874	-0.240014	-0.537473	-0.179006	-0.324758	-0.127
50%	28966.000000	-0.229621	0.114296	0.836860	0.198563	-0.256915	-0.162589	-0.073647	0.042570	0.131485	...	-0.021676	-0.081923	-0.087515	-0.052445	0.063008	0.175
75%	34232.000000	1.161859	0.757779	1.456171	1.090155	0.294218	0.485412	0.437794	0.304589	0.979120	...	0.166013	0.093892	0.290437	0.075649	0.398947	0.422
max	38241.000000	1.960497	16.713389	4.101716	11.927512	24.363532	22.529298	36.677268	20.007208	10.326133	...	15.815051	22.614889	4.534454	13.876221	3.990646	5.525

8 rows × 30 columns

```
x_train.columns
```

```
Index(['Time', 'V1', 'V2', 'V3', 'V4', 'V5', 'V6', 'V7', 'V8', 'V9', 'V10',
       'V11', 'V12', 'V13', 'V14', 'V15', 'V16', 'V17', 'V18', 'V19', 'V20',
       'V21', 'V22', 'V23', 'V24', 'V25', 'V26', 'V27', 'V28', 'Amount'],
      dtype='object')
```

② 데이터 전처리

```
x_train.isnull().sum()
```

```
Time    0
V1      0
V2      0
V3      0
V4      0
V5      0
V6      0
V7      0
V8      0
V9      0
V10     0
V11     0
V12     0
V13     0
V14     0
V15     0
V16     0
V17     0
V18     0
V19     0
V20     0
V21     0
V22     0
```

```
V23      0
V24      0
V25      0
V26      0
V27      0
V28      0
Amount   0
dtype: int64
```

```
# 각 컬럼의 최빈값 구하기
mode_values = x_test.mode().iloc[0]

# 결측값을 최빈값으로 채우기
x_test2 = x_test.fillna(mode_values)

print(x_test2.isnull().sum())
```

실행 결과

```
Time    0       V11     0       V22      0
V1      0       V12     0       V23      0
V2      0       V13     0       V24      0
V3      0       V14     0       V25      0
V4      0       V15     0       V26      0
V5      0       V16     0       V27      0
V6      0       V17     0       V28      0
V7      0       V18     0       Amount   0
V8      0       V19     0       dtype: int64
V9      0       V20     0
V10     0       V21     0
```

```
from sklearn.preprocessing import MinMaxScaler
scaler = MinMaxScaler()

# Time 컬럼 정규화
x_train_time = x_train[['Time']]
x_train_time_normalized = scaler.fit_transform(x_train_time)
x_test_time = x_test2[['Time']]
x_test_time_normalized = scaler.fit_transform(x_test_time)

# 정규화된 값을 다시 DataFrame으로 변환
x_train2 = x_train.copy()  # 원본 DataFrame 복사
x_train2['Time'] = x_train_time_normalized
x_test = x_test2.copy()  # 원본 DataFrame 복사
x_test['Time'] = x_test_time_normalized

# 결과 출력
print(x_train2.head())
```

실행 결과

```
     Time        V1        V2        V3        V4        V5        V6  \
0  0.882874 -0.576014  0.387789  1.073447 -1.330687  0.152966 -0.792367
1  0.054653 -1.207001  0.581639  0.378821 -0.483876 -1.982794  1.546298
2  0.956434  1.123974  0.618305  0.317769  2.520818  0.093055 -0.679963
3  0.629481 -0.806166  0.526674  2.500144  0.893591 -0.524621  0.841960
4  0.347951 -1.246764  1.721633  1.164017 -0.015505 -0.303413 -0.613297

        V7        V8        V9   ...       V20       V21       V22       V23  \
0  0.570259  0.089601 -0.189746  ...  0.113161 -0.013906 -0.164089  0.005383
1  2.204927 -1.960442 -1.618302  ... -1.193265  1.202148 -0.330406  0.219548
2  0.529266 -0.288856 -1.081761  ...  0.000515 -0.008355 -0.103400 -0.106005
3  1.062864 -0.173716  2.012883  ... -0.159714 -0.464059 -0.463359  0.077477
4  0.143986  0.431349  0.794957  ...  0.225594 -0.343073 -0.695853  0.057199

        V24       V25       V26       V27       V28    Amount
0  0.028138 -0.194086  0.770346  0.158875  0.078825     38.42
1  0.096253 -0.099698 -0.432916  0.594513 -0.010657    487.94
2  0.398955  0.627270 -0.001240 -0.029501  0.025922     49.95
3  0.355226 -0.298874 -0.824893 -0.059335 -0.105309    156.32
4  0.249283 -0.107034  0.026342  0.325861  0.161107      1.98

[5 rows x 30 columns]
```

③ 데이터 모델링 및 평가

 따라하기

```
from sklearn.model_selection import train_test_split
# 훈련 데이터와 테스트 데이터 분리
X_train, X_test, y_train, y_test = train_test_split(x_train, y_train, test_size=0.2,
random_state=29)

print("X_train shape:", X_train.shape)
print("X_test shape:", X_test.shape)
print("y_train shape:", y_train.shape)
print("y_test shape:", y_test.shape)
```

실행 결과

```
X_train shape: (20015, 30)
X_test shape: (5004, 30)
y_train shape: (20015, 1)
y_test shape: (5004, 1)
```

 따라하기

```
from sklearn.linear_model import LogisticRegression
from sklearn.ensemble import RandomForestClassifier
from sklearn.metrics import accuracy_score

# 모델 생성 및 학습
logreg_model = LogisticRegression(random_state=42)
logreg_model.fit(X_train, y_train)

# 예측
logreg_predictions = logreg_model.predict(x_test2)[:5004]

# 정확도로 평가
logreg_accuracy = accuracy_score(y_test, logreg_predictions)
print(logreg_accuracy)
```

실행 결과

```
0.991802557953637
```

```
rf_model = RandomForestClassifier(random_state=42)
rf_model.fit(X_train, y_train)

rf_predictions = rf_model.predict(x_test)[:5004]
rf_accuracy = accuracy_score(y_test, rf_predictions)
print(rf_accuracy)
```

실행 결과

```
0.9938049560351718
```

④ 저장

```
# 예측 결과를 데이터프레임으로 생성
df = pd.DataFrame({'Predictions': rf_predictions})

# CSV 파일로 저장
df.to_csv('모의고사2.csv', index=False)
```

작업형 3

문제 1

```
import pandas as pd

df = pd.read_csv("2-3.csv")

# 각 광고의 클릭률 표본평균 계산
mean_C = df['C'].mean()

C = int(mean_C)
print(C)
```

128

```
import pandas as pd
from scipy.stats import chi2_contingency

# 각 광고의 클릭 횟수 리스트
clicks_A = df['A'].tolist()
clicks_B = df['B'].tolist()
clicks_C = df['C'].tolist()

# 카이제곱 검정 실행
observed = [clicks_A, clicks_B, clicks_C]
chi2, p, _, _ = chi2_contingency(observed)

result = round(chi2, 4)
print(result)
```

401.7821

```
p_value = p

print(p)
```

0.9999999999360163

채택

03 기출변형 모의고사 해설 3

데이터 셋 출처
- 작업형1 kaggle datasets download -d shariful07/student-mental-health
- 작업형2 kaggle kernels pull prasadperera/the-boston-housing-dataset

치트키

datetime 패키지

파이썬에서 날짜와 시간을 다루기 위한 모듈이다.

코·드·소·개

```
from datetime import datetime as dt
```

속성 및 메서드	기능
year	연도
month	월
day	일
hour	시간
minute	분
second	초
date()	날짜 정보인 date 객체 반환
time()	시간 정보인 time 객체 반환
today()	현재 날짜와 시간 반환
weekday	요일번호(월요일: 0~일요일: 6)
day_name	요일 이름 반환
queater	분기 반환

따라하기

```
from datetime import datetime
# datetime 객체 생성
date = datetime(2024, 12, 31)

# 년, 월, 일 정보 추출
year = date.year
month = date.month
day = date.day

print(f"Year: {year}, Month: {month}, Day: {day}")
```

실행 결과

```
Year: 2024, Month: 12, Day: 31
```

해당 해설은 예시이며, 다양한 해설이 존재할 수 있다.

작업형 1

 따라하기

```
import pandas as pd
df = pd.read_csv("Mental health.csv")

df
```

실행 결과

	Timestamp	gender	Age	course	current year of Study	CGPA?	Marital status	Depression	Anxiety	Panic attack	specialist for a treatment
0	8/7/2020 12:02	Female	18.0	Engineering	year 1	3.00 - 3.49	No	Yes	No	Yes	No
1	8/7/2020 12:04	Male	21.0	Islamic education	year 2	3.00 - 3.49	No	No	Yes	No	No
2	8/7/2020 12:05	Male	19.0	BIT	Year 1	3.00 - 3.49	No	Yes	Yes	Yes	No
3	8/7/2020 12:06	Female	NaN	Laws	year 3	3.00 - 3.49	Yes	Yes	No	No	No
4	8/7/2020 12:13	Male	23.0	Mathemathics	year 4	3.00 - 3.49	No	No	No	No	No
...	...	...	...	...	...	...	...	...	...	...	...
96	13/07/2020 19:56:49	Female	21.0	BCS	year 1	3.50 - 4.00	No	No	Yes	No	No
97	13/07/2020 21:21:42	Male	18.0	Engineering	Year 2	3.00 - 3.49	No	Yes	Yes	No	No
98	13/07/2020 21:22:56	Female	19.0	Nursing	Year 3	3.50 - 4.00	Yes	Yes	No	Yes	No
99	13/07/2020 21:23:57	Female	23.0	Pendidikan Islam	year 4	3.50 - 4.00	No	No	No	No	No
100	18/07/2020 20:16:21	Male	20.0	Biomedical science	Year 2	3.00 - 3.49	No	No	No	No	No

101 rows × 11 columns

 따라하기

```
df.columns
```

실행 결과

```
Index(['Timestamp', 'gender', 'Age', 'course', 'current year of Study',
       'CGPA?', 'Marital status', 'Depression', 'Anxiety', 'Panic attack',
       'specialist for a treatment'],
     dtype='object')
```

따라하기

```
df.info()
```

실행 결과

```
<class 'pandas.core.frame.DataFrame'>
RangeIndex: 101 entries, 0 to 100
Data columns (total 11 columns):
 #   Column                    Non-Null Count   Dtype
---  ------                    --------------   -----
 0   Timestamp                 101 non-null     object
 1   gender                    101 non-null     object
 2   Age                       94 non-null      float64
 3   course                    101 non-null     object
 4   current year of Study     101 non-null     object
 5   CGPA?                     101 non-null     object
 6   Marital status            101 non-null     object
 7   Depression                101 non-null     object
 8   Anxiety                   101 non-null     object
 9   Panic attack              101 non-null     object
 10  specialist for a treatment 101 non-null    object
dtypes: float64(1), object(10)
memory usage: 8.8+ KB
```

따라하기

```
df.describe()
```

실행 결과

	Age
count	94.000000
mean	20.521277
std	2.500446
min	18.000000
25%	18.000000
50%	19.000000
75%	23.000000
max	24.000000

● Mental health 데이터 셋의 형태와 컬럼에 대해서 파악한다.

문제 1

 따라하기

```
from sklearn.preprocessing import MinMaxScaler
# Age 컬럼의 결측값 처리
average_age = df['Age'].mean()
df['Age'].fillna(average_age, inplace=True)

# Age 컬럼을 최소-최대 정규화
scaler = MinMaxScaler()
df['Age2'] = scaler.fit_transform(df[['Age']])

# Age가 0.7 이상인 레코드 개수 계산
count = len(df[df['Age2'] >= 0.7])

print("정답", count)
```

실행 결과

정답: 34

- Age 컬럼의 평균을 계산한 뒤, fillna() 함수를 사용하여 결측값을 평균값으로 대체한다.
- Age 컬럼을 최소−최대 정규화하여 'Age_normalized'라는 새로운 컬럼을 저장한다.

문제 2

 따라하기

```
import pandas as pd

# Timestamp 컬럼을 datetime 형태로 변환
df['Timestamp'] = pd.to_datetime(df['Timestamp'])

# 'AM/PM' 컬럼 추가
df['AM/PM'] = 'AM'
df.loc[df['Timestamp'].dt.hour >= 12, 'AM/PM'] = 'PM'

# 오전에 응답한 학생들 중 'specialist for a treatment' 컬럼에서 'no' 레코드 수 계산
result = len(df[(df['AM/PM'] == 'AM') & (df['specialist for a treatment']
== 'No')])

print(result)
```

14

따라하기

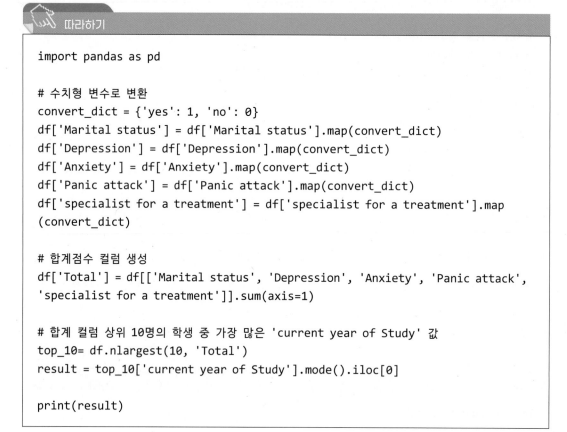

```python
import pandas as pd

# 수치형 변수로 변환
convert_dict = {'yes': 1, 'no': 0}
df['Marital status'] = df['Marital status'].map(convert_dict)
df['Depression'] = df['Depression'].map(convert_dict)
df['Anxiety'] = df['Anxiety'].map(convert_dict)
df['Panic attack'] = df['Panic attack'].map(convert_dict)
df['specialist for a treatment'] = df['specialist for a treatment'].map
(convert_dict)

# 합계점수 컬럼 생성
df['Total'] = df[['Marital status', 'Depression', 'Anxiety', 'Panic attack',
'specialist for a treatment']].sum(axis=1)

# 합계 컬럼 상위 10명의 학생 중 가장 많은 'current year of Study' 값
top_10= df.nlargest(10, 'Total')
result = top_10['current year of Study'].mode().iloc[0]

print(result)
```

실행 결과

year 1

- convert_dict = {'yes': 1, 'no': 0}: 'yes'를 1로, 'no'를 0으로 변환하기 위한 사전을 정의한다. 개별 변수들에 대해 사전을 사용하여 범주형 값을 수치형으로 변환한다.

- df.nlargest(10, 'Total'): 'Total' 컬럼을 기준으로 상위 10개 학생의 레코드를 선택한다.

- mode() 메서드는 최빈값(가장 많이 나타나는 값)을 계산하며, .iloc[0]는 최빈값 중 첫 번째 값을 선택한다.

작업형 2

① 데이터 파악하기

 따라하기

```
import pandas as pd

# 학습용 데이터 로드
x_train = pd.read_csv('house_x_train.csv')
y_train = pd.read_csv('house_y_train.csv')

# 평가용 데이터 로드
x_test = pd.read_csv('house_x_test.csv')

x_train
```

실행 결과

	longitude	latitude	housing_median_age	total_rooms	total_bedrooms	population	households	median_income	ocean_proximity
0	-117.03	32.71	33.0	3126.0	627.0	2300.0	623.0	3.2596	NEAR OCEAN
1	-118.16	33.77	49.0	3382.0	787.0	1314.0	756.0	3.8125	NEAR OCEAN
2	-120.48	34.66	4.0	1897.0	331.0	915.0	336.0	4.1563	NEAR OCEAN
3	-117.11	32.69	36.0	1421.0	367.0	1418.0	355.0	1.9425	NEAR OCEAN
4	-119.80	36.78	43.0	2382.0	431.0	874.0	380.0	3.5542	INLAND
...	...	...	...	...	...	...	...	...	...
16507	-117.96	33.78	35.0	1330.0	201.0	658.0	217.0	6.3700	<1H OCEAN
16508	-117.43	34.02	33.0	3084.0	570.0	1753.0	449.0	3.0500	INLAND
16509	-118.38	34.03	36.0	2101.0	569.0	1756.0	527.0	2.9344	<1H OCEAN
16510	-121.96	37.58	15.0	3575.0	597.0	1777.0	559.0	5.7192	<1H OCEAN
16511	-122.42	37.77	52.0	4226.0	1315.0	2619.0	1242.0	2.5755	NEAR BAY

16512 rows × 9 columns

 따라하기

```
x_train.info()
```

실행 결과

```
<class 'pandas.core.frame.DataFrame'>
RangeIndex: 16512 entries, 0 to 16511
Data columns (total 9 columns):
```

```
 #    Column                Non-Null Count     Dtype
---   ------                --------------     -----
 0    longitude             16512 non-null     float64
 1    latitude              16512 non-null     float64
 2    housing_median_age    16512 non-null     float64
 3    total_rooms           16512 non-null     float64
 4    total_bedrooms        16512 non-null     float64
 5    population            16512 non-null     float64
 6    households            16512 non-null     float64
 7    median_income         16512 non-null     float64
 8    ocean_proximity       16512 non-null     object
dtypes: float64(8), object(1)
memory usage: 1.1+ MB
```

 따라하기

```
x_train.columns
```

```
Index(['longitude', 'latitude', 'housing_median_age', 'total_rooms',
       'total_bedrooms', 'population', 'households', 'median_income',
       'ocean_proximity'],
      dtype='object')
```

② 데이터 전처리

 따라하기

```
# total_bedrooms 열 삭제
x_train.drop(columns=['total_bedrooms'], inplace=True)
x_test.drop(columns=['total_bedrooms'], inplace=True)
```

 따라하기

```
# 'ocean_proximity' 컬럼의 고유값 확인
unique_values = x_train['ocean_proximity'].unique()
print("Unique values in 'ocean_proximity':", unique_values)
```

```
Unique values in 'ocean_proximity': ['NEAR OCEAN' 'INLAND' '<1H OCEAN' 'NEAR BAY' 'ISLAND']
```

```
# 'ocean_proximity' 매핑 값 정의
ocean_proximity_mapping = {
    'NEAR OCEAN': 0,
    'INLAND': 1,
    '<1H OCEAN': 2,
    'NEAR BAY': 3,
    'ISLAND': 4
}

# 'ocean_proximity' 컬럼을 수치형으로 인코딩
x_train['ocean_proximity'] = x_train['ocean_proximity'].map(ocean_proximity_mapping)
x_test['ocean_proximity'] = x_test['ocean_proximity'].map(ocean_proximity_mapping)

print(x_train.head())
```

실행 결과

```
    longitude    latitude    housing_median_age    total_rooms    population
0    -117.03      32.71            33.0              0.079455       0.768276
1    -118.16      33.77            49.0              0.085966      -0.098901
2    -120.48      34.66             4.0              0.048197      -0.449818
3    -117.11      32.69            36.0              0.036090      -0.007434
4    -119.80      36.78            43.0              0.060532      -0.485877

    households    median_income    ocean_proximity    ocean_proximity_encoded
0     623.0        -0.326196              0                     0
1     756.0        -0.035843              0                     0
2     336.0         0.144701              0                     0
3     355.0        -1.017864              0                     0
4     380.0        -0.171488              1                     1
```

```
from sklearn.preprocessing import MinMaxScaler
from sklearn.preprocessing import StandardScaler

# total_rooms 최소 최대 정규화
scaler = MinMaxScaler()
x_train['total_rooms'] = scaler.fit_transform(x_train[['total_rooms']])
x_test['total_rooms'] = scaler.transform(x_test[['total_rooms']])

# population, median_income 표준정규화
scaler = StandardScaler()
x_train[['population', 'median_income']] = scaler.fit_transform(x_train[['population', 'median_income']])
x_test[['population', 'median_income']] = scaler.transform(x_test[['population', 'median_income']])
```

③ 데이터 모델링

 따라하기

```
from sklearn.model_selection import train_test_split
# 훈련 데이터와 테스트 데이터 분리
X_train, X_test, y_train, y_test = train_test_split(x_train, y_train,
test_size=0.2, random_state=29)

print("X_train shape:", X_train.shape)
print("X_test shape:", X_test.shape)
print("y_train shape:", y_train.shape)
print("y_test shape:", y_test.shape)
```

실행 결과

```
X_train shape: (13209, 8)
X_test shape: (3303, 8)
y_train shape: (13209, 1)
y_test shape: (3303, 1)
```

따라하기

```
from sklearn.linear_model import LinearRegression, LogisticRegression
from sklearn.metrics import mean_absolute_error

# 다중선형회귀 모델 생성 및 학습
linear_model = LinearRegression()
linear_model.fit(X_train, y_train)

# 예측
linear_predictions = linear_model.predict(x_test)[:3303]

# MAE 평가
linear_mae = mean_absolute_error(y_test, linear_predictions)
print(linear_mae)
```

실행 결과

```
116151.65304581296
```

```
from sklearn.tree import DecisionTreeRegressor
from sklearn.metrics import mean_absolute_error

# 의사결정나무 회귀 모델 생성
tree_model = DecisionTreeRegressor(random_state=42)
tree_model.fit(X_train, y_train)

# 예측
tree_predictions = tree_model.predict(x_test)[:3303]

# MAE 평가
tree_mae = mean_absolute_error(y_test, tree_predictions)

print(tree_mae)
```

실행 결과

```
127313.8667877687
```

④ 저장

 따라하기

```
# 예측 결과를 데이터프레임으로 생성
df = pd.DataFrame({'Predictions': linear_predictions})

# CSV 파일로 저장
df.to_csv('모의고사3.csv', index=False)
```

작업형 3

문제 1

따라하기

```python
import pandas as pd
import numpy as np
df = pd.read_csv("3-3.csv")

# 교육 방법별로 데이터 분리
A = df[df['Method'] == 'A']['Score']
B = df[df['Method'] == 'B']['Score']
C = df[df['Method'] == 'C']['Score']

# 각 교육 방법별 분산 계산
var_A = round(np.var(A, ddof=1), 2)
var_B = round(np.var(B, ddof=1), 2)
var_C = round(np.var(C, ddof=1), 2)

# 결과 출력
print(var_A)
print(var_B)
print(var_C)
```

실행 결과

```
86.68
140.28
63.24
```

문제 2

```
from scipy.stats import f_oneway


# oneway ANOVA 분석 실행
f_statistic, p_value = f_oneway(A, B, C)

# 결과 출력
rounded_f_statistic = round(f_statistic, 2)
print(rounded_f_statistic)
```

실행 결과

50.57

문제 3

```
print(p_value)
```

실행 결과

5.131572218255412e-21

문제 4

실행 결과

기각

- p값이 5.131572218255412e-21으로 귀무 가설을 기각한다.

04 기출변형 모의고사 해설 4

데이터 셋 출처
- 작업형1 kaggle datasets download −d joebeachcapital/loan−default
- 작업형2 kaggle datasets download −d andrewmvd/heart−failure−clinical−data

치트키

iloc과 loc

	A	B	C
0	1	5	apple
1	2	6	banana
2	3	7	cherry
3	4	8	date

1. iloc

정수 기반 인덱싱을 사용하여 데이터프레임의 행과 열을 선택한다. 즉, 행과 열의 위치를 기반으로 선택한다.

 따라하기

```
df.iloc[1, 1]
```

실행 결과
```
6
```

2. loc

레이블 기반 인덱싱을 사용하여 데이터프레임의 행과 열을 선택한다. 즉, 행과 열의 이름을 기반으로 선택한다.

 따라하기

```
df.loc[1, 'B']
```

실행 결과
```
6
```

해당 해설은 예시이며, 다양한 해설이 존재할 수 있다.

작업형 1

 따라하기

```
import pandas as pd
df = pd.read_csv("Loan_Default.csv")

df
```

실행 결과

	Unnamed: 0	id	loan_amnt	funded_amnt	funded_amnt_inv	term	int_rate	installment	emp_length	home_ownership	...
0	3	545583	2500.0	2500.0	2500.00000	36 months	13.98	85.42	4 years	RENT	...
1	4	532101	5000.0	5000.0	5000.00000	36 months	15.95	175.67	4 years	RENT	...
2	5	877788	7000.0	7000.0	7000.00000	36 months	9.91	225.58	10+ years	MORTGAGE	...
3	6	875406	2000.0	2000.0	2000.00000	36 months	5.42	60.32	10+ years	RENT	...
4	7	506439	3600.0	3600.0	3600.00000	36 months	10.25	116.59	10+ years	MORTGAGE	...
...	...	...	...	...	...	...	...	...	...	...	...
38474	38476	849205	3000.0	3000.0	3000.00000	36 months	11.99	99.63	3 years	RENT	...
38475	38477	852914	10400.0	10400.0	10400.00000	36 months	13.49	352.88	9 years	RENT	...
38476	38478	519553	16000.0	10550.0	10531.35818	60 months	14.96	250.77	10+ years	MORTGAGE	...
38477	38479	825638	10000.0	10000.0	10000.00000	36 months	16.89	355.99	1 year	RENT	...
38478	38480	1029847	3200.0	3200.0	3200.00000	36 months	13.49	108.58	7 years	RENT	...

38479 rows × 27 columns

 따라하기

```
df.columns
```

실행 결과

```
Index(['Unnamed: 0', 'id', 'loan_amnt', 'funded_amnt', 'funded_amnt_inv',
       'term', 'int_rate', 'installment', 'emp_length', 'home_ownership',
       'annual_inc', 'verification_status', 'dti', 'inq_last_6mths',
       'mths_since_last_delinq', 'open_acc', 'pub_rec', 'revol_bal',
       'revol_util', 'total_acc', 'total_pymnt', 'total_pymnt_inv',
       'total_rec_prncp', 'total_rec_int', 'last_pymnt_d', 'last_pymnt_amnt',
       'repay_fail'],
      dtype='object')
```

```
df.info()
```

실행 결과

```
<class 'pandas.core.frame.DataFrame'>
RangeIndex: 38479 entries, 0 to 38478
Data columns (total 27 columns):
 #   Column                Non-Null Count    Dtype
---  ------                --------------    -----
 0   Unnamed: 0            38479 non-null    int64
 1   id                    38479 non-null    int64
 2   loan_amnt             38478 non-null    float64
 3   funded_amnt           38478 non-null    float64
 4   funded_amnt_inv       38478 non-null    float64
 5   term                  38479 non-null    object
 6   int_rate              38479 non-null    float64
 7   installment           38478 non-null    float64
 8   emp_length            37486 non-null    object
 9   home_ownership        38479 non-null    object
 10  annual_inc            38477 non-null    float64
 11  verification_status   38479 non-null    object
 12  dti                   38479 non-null    float64
 13  inq_last_6mths        38478 non-null    float64
 14  mths_since_last_delinq 14117 non-null   float64
 15  open_acc              38478 non-null    float64
 16  pub_rec               38478 non-null    float64
 17  revol_bal             38475 non-null    float64
 18  revol_util            38420 non-null    object
 19  total_acc             38478 non-null    float64
 20  total_pymnt           38478 non-null    float64
 21  total_pymnt_inv       38478 non-null    float64
 22  total_rec_prncp       38478 non-null    float64
 23  total_rec_int         38479 non-null    object
 24  last_pymnt_d          38407 non-null    object
 25  last_pymnt_amnt       38479 non-null    object
 26  repay_fail            38478 non-null    float64
dtypes: float64(17), int64(2), object(8)
memory usage: 7.9+ MB
```

```
df.isnull().sum()
```

실행 결과

```
Unnamed: 0                0
id                        0
loan_amnt                 1
funded_amnt               1
funded_amnt_inv           1
term                      0
int_rate                  0
installment               1
emp_length              993
home_ownership            0
annual_inc                2
verification_status       0
dti                       0
inq_last_6mths            1
mths_since_last_delinq 24362
open_acc                  1
pub_rec                   1
revol_bal                 4
revol_util               59
total_acc                 1
total_pymnt               1
total_pymnt_inv           1
total_rec_prncp           1
total_rec_int             0
last_pymnt_d             72
last_pymnt_amnt           0
repay_fail                1
dtype: int64
```

● Loan_Default 데이터 셋의 형태와 컬럼에 대해서 파악한다.

따라하기

```
# int_rate 컬럼의 사분위값(하위 25%)을 구한 후 해당 값들의 평균을 계산
lower_25 = df['int_rate'].quantile(0.25)
int_rate_25 = df[df['int_rate'] <= lower_25]['int_rate']
result = int_rate_25.mean()

print(int(result))
```

실행 결과

```
7
```

따라하기

```
# 결측치 삭제
df_drop = df.dropna(subset=['loan_amnt', 'annual_inc'])

# loan_amnt 컬럼의 상위 10%와 하위 10%에 해당하는 annual_inc 값 구하기
top_10 = df_drop['loan_amnt'].quantile(0.9)
bottom_10 = df_drop['loan_amnt'].quantile(0.1)

high = df_drop[df_drop['loan_amnt'] >= top_10]['annual_inc']
low = df_drop[df_drop['loan_amnt'] <= bottom_10]['annual_inc']

# 상위 10%와 하위 10%의 annual_inc 차 구하기
difference = high.mean() - low.mean()

print(int(difference))
```

실행 결과

```
63059
```

문제 3

따라하기

```
# 상관계수 계산
corr = df['annual_inc'].corr(df['int_rate'])

print(round(corr, 3))
```

실행 결과

```
0.055
```

작업형 2

① 데이터 파악하기

따라하기

```
import pandas as pd

# 학습용 데이터 로드
x_train = pd.read_csv('heart_x_train.csv')
y_train = pd.read_csv('heart_y_train.csv')

# 평가용 데이터 로드
x_test = pd.read_csv('heart_x_test.csv')

x_train
```

실행 결과

	age	anaemia	creatinine_phosphokinase	diabetes	ejection_fraction	high_blood_pressure	platelets	serum_creatinine	serum_sodium	sex	smoking	time
0	75.000	1	246	0	15	0	127000.00	1.20	137	1	0	10
1	75.000	0	99	0	38	1	224000.00	2.50	134	1	0	162
2	60.667	1	104	1	30	0	389000.00	1.50	136	1	0	171
3	52.000	0	132	0	30	0	218000.00	0.70	136	1	1	112
4	94.000	0	582	1	38	1	263358.03	1.83	134	1	0	27
...	...	...	...	...	...	...	...	...	...	...	...	...
234	60.667	1	151	1	40	1	201000.00	1.00	136	0	0	172
235	58.000	0	582	1	35	0	122000.00	0.90	139	1	1	71
236	55.000	0	748	0	45	0	263000.00	1.30	137	1	0	88
237	44.000	0	582	1	30	1	263358.03	1.60	130	1	1	244
238	80.000	0	898	0	25	0	149000.00	1.10	144	1	1	87

239 rows × 12 columns

```
x_train.columns
```

```
Index(['age', 'anaemia', 'creatinine_phosphokinase', 'diabetes',
       'ejection_fraction', 'high_blood_pressure', 'platelets',
       'serum_creatinine', 'serum_sodium', 'sex', 'smoking', 'time'],
      dtype='object')
```

```
x_train.describe()
```

	age	anaemia	creatinine_phosphokinase	diabetes	ejection_fraction	high_blood_pressure	platelets	serum_creatinine	serum_sodium	sex	smoking	time
count	239.000000	239.000000	239.000000	239.000000	239.000000	239.000000	239.000000	239.000000	239.000000	239.000000	239.000000	239.000000
mean	61.059975	0.435146	577.083682	0.405858	38.263598	0.351464	262427.450209	1.387364	136.418410	0.644351	0.313808	132.297071
std	11.999013	0.496817	946.937475	0.492088	11.651161	0.478430	94272.495618	0.994975	4.440152	0.479714	0.465013	78.350857
min	40.000000	0.000000	23.000000	0.000000	15.000000	0.000000	47000.000000	0.500000	113.000000	0.000000	0.000000	4.000000
25%	52.000000	0.000000	111.500000	0.000000	30.000000	0.000000	212500.000000	0.900000	134.000000	0.000000	0.000000	73.500000
50%	60.000000	0.000000	245.000000	0.000000	38.000000	0.000000	263000.000000	1.100000	137.000000	1.000000	0.000000	119.000000
75%	69.500000	1.000000	582.000000	1.000000	45.000000	1.000000	303500.000000	1.400000	139.000000	1.000000	1.000000	205.500000
max	95.000000	1.000000	7861.000000	1.000000	80.000000	1.000000	742000.000000	9.000000	146.000000	1.000000	1.000000	285.000000

```
x_train.info()
```

```
<class 'pandas.core.frame.DataFrame'>
RangeIndex: 239 entries, 0 to 238
Data columns (total 12 columns):
 #   Column                    Non-Null Count    Dtype
---  ------                    --------------    -----
 0   age                       239 non-null      float64
 1   anaemia                   239 non-null      int64
 2   creatinine_phosphokinase  239 non-null      int64
 3   diabetes                  239 non-null      int64
 4   ejection_fraction         239 non-null      int64
 5   high_blood_pressure       239 non-null      int64
 6   platelets                 239 non-null      float64
 7   serum_creatinine          239 non-null      float64
```

```
 8   serum_sodium            239 non-null    int64
 9   sex                     239 non-null    int64
10   smoking                 239 non-null    int64
11   time                    239 non-null    int64
dtypes: float64(3), int64(9)
memory usage: 22.5 KB
```

② 데이터 전처리

따라하기

```
from sklearn.preprocessing import MinMaxScaler

# MinMaxScaler 객체 생성
scaler = MinMaxScaler()

# 'platelets' 컬럼 최소-최대 정규화
x_train['platelets'] = scaler.fit_transform(x_train[['platelets']])
x_test['platelets'] = scaler.transform(x_test[['platelets']])
```

● 'platelets' 컬럼을 최소-최대 정규화하고, 정규화된 값은 원래 'platelets' 컬럼에 저장한다.

③ 데이터 모델링 및 평가

따라하기

```
from sklearn.model_selection import train_test_split
# 훈련 데이터와 테스트 데이터 분리
X_train, X_test, y_train, y_test = train_test_split(x_train, y_train, test_size=0.2,
random_state=29)

print("X_train shape:", X_train.shape)
print("X_test shape:", X_test.shape)
print("y_train shape:", y_train.shape)
print("y_test shape:", y_test.shape)
```

```
X_train shape: (191, 12)
X_test shape: (48, 12)
y_train shape: (191, 1)
y_test shape: (48, 1)
```

 따라하기

```python
from sklearn.linear_model import LinearRegression
from sklearn.ensemble import RandomForestRegressor
from sklearn.metrics import accuracy_score

# 다중선형회귀모델 생성 및 학습
linear_model = LinearRegression()
linear_model.fit(X_train, y_train)

# 예측 (실수값으로 예측될테니, 이를 이산값으로 변환)
linear_predictions = (linear_model.predict(x_test) > 0.5)[:48].astype(int)

# 정확도 계산
linear_accuracy = accuracy_score(y_test, linear_predictions)
print(linear_accuracy)
```

실행 결과

```
0.5208333333333334
```

따라하기

```
from sklearn.ensemble import RandomForestClassifier
from sklearn.metrics import accuracy_score

# 랜덤 포레스트 모델 생성
rf_model = RandomForestClassifier(random_state=42)

# 모델 학습
rf_model.fit(X_train, y_train)

# 테스트 데이터에 대한 예측 수행
rf_predictions = rf_model.predict(x_test)[:48]

# 예측 결과를 정확도로 평가
rf_accuracy = accuracy_score(y_test, rf_predictions)
print(rf_accuracy)
```

실행 결과
```
0.55
```

④ 저장

 따라하기

```
# 예측 결과를 데이터프레임으로 생성
df = pd.DataFrame({'Predictions': rf_predictions})

# CSV 파일로 저장
df.to_csv('모의고사4.csv', index=False)
```

작업형 3

문제 1

 따라하기

```python
import numpy as np
import pandas as pd

# (계단 오르기 전 혈압 - 계단 오른 후 혈압)의 평균 계산
difference_mean = round((data['BP_before'] - data['BP_after']).mean(),2)

# 결과 출력
print(difference_mean)
```

실행 결과
```
4.87
```

문제 2

 따라하기

```python
from scipy.stats import wilcoxon

# Wilcoxon signed rank test 실행
statistic, p_value = wilcoxon(data['BP_before'], data['BP_after'])

# 검정통계량 출력
result = int(statistic)
print(result )
```

실행 결과
```
8142
```

문제 3

따라하기

```
print(p_value)
```

실행 결과

```
4.3169548146319153e-11
```

문제 4

실행 결과

```
기각
```

05 기출변형 모의고사 해설 5

데이터 셋 출처
- 작업형1 kaggle datasets download −d akshaydattatraykhare/diabetes−dataset
- 작업형2 kaggle datasets download −d yasserh/breast−cancer−dataset

치트키

사이킷런을 사용한 라벨 인코딩

사이킷런(Scikit−learn) 라이브러리를 사용하여 라벨 인코딩을 수행하면 문자열데이터를 손쉽게 수치형으로 변환할 수 있다.

코·드·소·개

```
from sklearn.preprocessing import LabelEncoder
encoder = LabelEncoder()
```

따라하기

```
from sklearn.preprocessing import LabelEncoder

data = ['A', 'B', 'A', 'C', 'B']
encoder = LabelEncoder()
data = encoder.fit_transform(data)

print(data)
```

실행 결과
```
[ 0  1  0  2  1 ]
```

해당 해설은 예시이며, 다양한 해설이 존재할 수 있다.

작업형 1

 따라하기

```
import pandas as pd

df = pd.read_csv("diabetes.csv")
df
```

실행 결과

	Pregnancies	Glucose	BloodPressure	SkinThickness	Insulin	BMI	DiabetesPedigreeFunction	Age	Outcome
0	6	148	72	35	0	33.6	0.627	50	1
1	1	85	66	29	0	26.6	0.351	31	0
2	8	183	64	0	0	23.3	0.672	32	1
3	1	89	66	23	94	28.1	0.167	21	0
4	0	137	40	35	168	43.1	2.288	33	1
...	...	...	...	...	...	...	...	...	...
763	10	101	76	48	180	32.9	0.171	63	0
764	2	122	70	27	0	36.8	0.340	27	0
765	5	121	72	23	112	26.2	0.245	30	0
766	1	126	60	0	0	30.1	0.349	47	1
767	1	93	70	31	0	30.4	0.315	23	0

768 rows × 9 columns

 따라하기

```
df.columns
```

실행 결과

```
Index(['Pregnancies', 'Glucose', 'BloodPressure', 'SkinThickness', 'Insulin',
       'BMI', 'DiabetesPedigreeFunction', 'Age', 'Outcome'],
      dtype='object')
```

```
df.info()
```

실행 결과

```
<class 'pandas.core.frame.DataFrame'>
RangeIndex: 768 entries, 0 to 767
Data columns (total 9 columns):
 #   Column                    Non-Null Count   Dtype
---  ------                    --------------   -----
 0   Pregnancies               768 non-null     int64
 1   Glucose                   768 non-null     int64
 2   BloodPressure             768 non-null     int64
 3   SkinThickness             768 non-null     int64
 4   Insulin                   768 non-null     int64
 5   BMI                       768 non-null     float64
 6   DiabetesPedigreeFunction  768 non-null     float64
 7   Age                       768 non-null     int64
 8   Outcome                   768 non-null     int64
dtypes: float64(2), int64(7)
memory usage: 54.1 KB
```

 따라하기

```
df.describe()
```

실행 결과

	Pregnancies	Glucose	BloodPressure	SkinThickness	Insulin	BMI	DiabetesPedigreeFunction	Age	Outcome
count	768.000000	768.000000	768.000000	768.000000	768.000000	768.000000	768.000000	768.000000	768.000000
mean	3.845052	120.894531	69.105469	20.536458	79.799479	31.992578	0.471876	33.240885	0.348958
std	3.369578	31.972618	19.355807	15.952218	115.244002	7.884160	0.331329	11.760232	0.476951
min	0.000000	0.000000	0.000000	0.000000	0.000000	0.000000	0.078000	21.000000	0.000000
25%	1.000000	99.000000	62.000000	0.000000	0.000000	27.300000	0.243750	24.000000	0.000000
50%	3.000000	117.000000	72.000000	23.000000	30.500000	32.000000	0.372500	29.000000	0.000000
75%	6.000000	140.250000	80.000000	32.000000	127.250000	36.600000	0.626250	41.000000	1.000000
max	17.000000	199.000000	122.000000	99.000000	846.000000	67.100000	2.420000	81.000000	1.000000

● diabetes 데이터 셋의 형태와 컬럼에 대해서 파악한다.

따라하기

```
from sklearn.preprocessing import StandardScaler

# 'BMI' 컬럼을 표준정규화
scaler = StandardScaler()
df['BMI2'] = scaler.fit_transform(df[['BMI']])

# 표준정규화된 'BMI' 값이 0.5 이상인 레코드들의 'Outcome' 비율 계산
filtered_records = df[df['BMI2'] >= 0.5]
result = filtered_records['Outcome'].mean()

print(round(result, 3))
```

실행 결과
```
0.495
```

- 'BMI' 컬럼을 표준정규화하여 'BMI_normalized' 컬럼에 저장하고 표준정규화된 'BMI' 값이 0.5 이상인 레코드들을 필터링하여 filtered_records에 저장한다.

- 필터링된 레코드들의 'Outcome' 값(1 또는 0)의 평균을 계산하여 outcome_ratio에 저장한다.

문제 2

 따라하기

```
answer = (df.loc[df.Outcome == 1].std() - df.loc[df.Outcome == 0].std()).
sort_values().index[0]

print(answer)
```

실행 결과
```
Age
```

따라하기

```
# 연령대 구간 및 그룹명 설정
age_bins = [0, 30, 40, float('inf')]
age_labels = ['30대 이하', '40대 이하', '60대 이상']

# 'Age' 값을 연령대 그룹명으로 변환하여 'AgeGroup' 컬럼 추가
df['AgeGroup'] = pd.cut(df['Age'], bins=age_bins, labels=age_labels)

# 그룹별 'BloodPressure' 평균 계산
result = df.groupby('AgeGroup')['BloodPressure'].mean()

# 정수로 변환하여 출력
print(result.astype(int))
```

실행 결과

```
AgeGroup
30대 이하    65
40대 이하    70
60대 이상    76
Name: BloodPressure, dtype: int64
```

● 'AgeGroup' 컬럼을 생성하여 'Age' 값을 연령대 그룹명으로 변환한 결과를 저장한다.

● 생성한 그룹으로 'BloodPressure' 평균을 계산하고 result에 저장한다.

작업형 2

① 데이터 파악하기

```
import pandas as pd

# 학습용 데이터 로드
x_train = pd.read_csv('cancer_x_train.csv')
y_train = pd.read_csv('cancer_y_train.csv')

# 평가용 데이터 로드
x_test = pd.read_csv('cancer_x_test.csv')

x_train
```

실행 결과

	id	radius_mean	texture_mean	perimeter_mean	area_mean	smoothness_mean	compactness_mean	concavity_mean
0	859471	9.029	17.33	58.79	250.5	0.10660	0.14130	0.31300
1	873593	21.090	26.57	142.70	1311.0	0.11410	0.28320	0.24870
2	859196	9.173	13.86	59.20	260.9	0.07721	0.08751	0.05988
3	88466802	10.650	25.22	68.01	347.0	0.09657	0.07234	0.02379
4	858970	10.170	14.88	64.55	311.9	0.11340	0.08061	0.01084
...	...	...	...	...	...	...	...	...
450	859711	8.888	14.64	58.79	244.0	0.09783	0.15310	0.08606
451	863031	11.640	18.33	75.17	412.5	0.11420	0.10170	0.07070
452	8910721	14.290	16.82	90.30	632.6	0.06429	0.02675	0.00725
453	908489	13.980	19.62	91.12	599.5	0.10600	0.11330	0.11260
454	862965	12.180	20.52	77.22	458.7	0.08013	0.04038	0.02383

455 rows × 31 columns

따라하기

```
x_train.columns
```

실행 결과

```
Index(['id', 'radius_mean', 'texture_mean', 'perimeter_mean', 'area_mean',
       'smoothness_mean', 'compactness_mean', 'concavity_mean',
       'concave points_mean', 'symmetry_mean', 'fractal_dimension_mean',
      'radius_se', 'texture_se', 'perimeter_se', 'area_se', 'smoothness_se',
       'compactness_se', 'concavity_se', 'concave points_se', 'symmetry_se',
       'fractal_dimension_se', 'radius_worst', 'texture_worst',
       'perimeter_worst', 'area_worst', 'smoothness_worst',
       'compactness_worst', 'concavity_worst', 'concave points_worst',
       'symmetry_worst', 'fractal_dimension_worst'],
      dtype='object')
```

 따라하기

```
x_train.info()
```

실행 결과

```
class 'pandas.core.frame.DataFrame'>
RangeIndex: 455 entries, 0 to 454
Data columns (total 31 columns):
```

#	Column	Non-Null Count	Dtype
0	id	455 non-null	int64
1	radius_mean	455 non-null	float64
2	texture_mean	455 non-null	float64
3	perimeter_mean	455 non-null	float64
4	area_mean	455 non-null	float64
5	smoothness_mean	455 non-null	float64
6	compactness_mean	455 non-null	float64
7	concavity_mean	455 non-null	float64
8	concave points_mean	455 non-null	float64
9	symmetry_mean	455 non-null	float64
10	fractal_dimension_mean	455 non-null	float64
11	radius_se	455 non-null	float64
12	texture_se	455 non-null	float64
13	perimeter_se	455 non-null	float64
14	area_se	455 non-null	float64
15	smoothness_se	455 non-null	float64
16	compactness_se	455 non-null	float64
17	concavity_se	455 non-null	float64
18	concave points_se	455 non-null	float64

```
 19   symmetry_se                455 non-null       float64
 20   fractal_dimension_se        455 non-null       float64
 21   radius_worst                455 non-null       float64
 22   texture_worst               455 non-null       float64
 23   perimeter_worst             455 non-null       float64
 24   area_worst                  455 non-null       float64
 25   smoothness_worst            455 non-null       float64
 26   compactness_worst           455 non-null       float64
 27   concavity_worst             455 non-null       float64
 28   concave points_worst        455 non-null       float64
 29   symmetry_worst              455 non-null       float64
 30   fractal_dimension_worst     455 non-null       float64
dtypes: float64(30), int64(1)
memory usage: 110.3 KB
```

 따라하기

```
x_train.describe()
```

 실행 결과

	id	radius_mean	texture_mean	perimeter_mean	area_mean	smoothness_mean	compactness_mean	concavity_mean	concave points_mean	symmetry_mean	...	radius_worst	texture_worst	perimeter_wor
count	4.550000e+02	455.000000	455.000000	455.000000	455.000000	455.000000	455.000000	455.000000	455.000000	455.000000	...	455.000000	455.000000	455.000
mean	3.224856e+07	14.117635	19.185033	91.882242	654.377582	0.095744	0.103619	0.088898	0.048280	0.181099	...	16.235103	25.535692	107.103
std	1.325182e+08	3.535815	4.266005	24.322027	354.943187	0.013923	0.052470	0.079468	0.038060	0.027487	...	4.811267	6.065108	33.374
min	8.913000e+03	9.710000	9.710000	47.920000	170.400000	0.052630	0.019380	0.000000	0.000000	0.116700	...	8.678000	12.020000	54.490
25%	8.675630e+05	11.705000	16.170000	75.100000	420.300000	0.085825	0.062890	0.029320	0.020340	0.161850	...	13.055000	21.045000	84.255
50%	9.049710e+05	13.300000	18.680000	85.980000	551.700000	0.094620	0.090970	0.061540	0.033410	0.179200	...	14.970000	25.220000	97.670
75%	8.836918e+06	15.740000	21.585000	103.750000	767.600000	0.104550	0.131300	0.132350	0.073895	0.195800	...	18.410000	29.690000	124.650
max	9.113205e+08	28.110000	39.280000	188.500000	2501.000000	0.163400	0.311400	0.426800	0.201200	0.304000	...	36.040000	49.540000	251.200

8 rows × 31 columns

② 데이터 전처리

 따라하기

```
from sklearn.preprocessing import MinMaxScaler

# area_worst 열만 선택하여 정규화할 데이터 생성
x_train_area_worst = x_train[['area_worst']]
x_test_area_worst = x_test[['area_worst']]

# MinMaxScaler 객체 생성 및 학습 데이터에 맞게 스케일링
scaler = MinMaxScaler()
scaler.fit(x_train_area_worst)

# 정규화된 데이터로 변환
```

```
x_train_scaled = scaler.transform(x_train_area_worst)
x_test_scaled = scaler.transform(x_test_area_worst)

# 정규화된 데이터를 원래 데이터프레임에 저장
x_train['area_worst'] = x_train_scaled
x_test['area_worst'] = x_test_scaled
```

- 'area_worst' 열만을 선택하여 x_train_area_worst라는 데이터프레임을 생성하고 학습된 스케일러를 사용하여 정규화된 형태로 변환한다.

- x_train 데이터프레임에서 'area_worst' 열을 정규화된 값인 x_train_area_worst_scaled 로 저장한다.

따라하기

```
y_train
# B: 양성 종양 (양성 유방암)
# M: 악성 종양 (악성 유방암)
```

실행 결과

따라하기

```
# 'B'를 0, 'M'을 1로 변환
y_train = y_train.replace({'B': 0, 'M': 1})

y_train
```

	diagnosis
0	0
1	1
2	0
3	0
4	0
...	...
450	0
451	0
452	0
453	1
454	0

455 rows × 1 columns

● y_train_binary = y_train.replace({'B': 0, 'M': 1}): y_train 데이터프레임에 있는 'B'를 0
으로, 'M'을 1로 변환하여 y_train_binary라는 새로운 데이터프레임을 생성한다.

③ 데이터 모델링 및 평가

따라하기

```
from sklearn.model_selection import train_test_split
# 훈련 데이터와 테스트 데이터 분리
X_train, X_test, y_train, y_test = train_test_split(x_train, y_train, test_size=0.2,
random_state=29)

print("X_train shape:", X_train.shape)
print("X_test shape:", X_test.shape)
print("y_train shape:", y_train.shape)
print("y_test shape:", y_test.shape)
```

실행 결과

```
X_train shape: (364, 31)
X_test shape: (91, 31)
y_train shape: (364, 1)
y_test shape: (91, 1)
```

```
from sklearn.metrics import roc_auc_score
from xgboost import XGBClassifier

# XGBoost 모델 학습 및 평가
xgb_model = XGBClassifier()
xgb_model.fit(X_train, y_train)
xgb_pred = xgb_model.predict_proba(x_test)[:91, 1]   # 양성 클래스에 대한 확률
값을 사용

xgb_auc = roc_auc_score(y_test, xgb_pred)
print(xgb_auc)
```

실행 결과

```
0.5927021696252466
```

 따라하기

```
from sklearn.neighbors import KNeighborsClassifier

# KNN 모델 학습 및 평가
knn_model = KNeighborsClassifier()
knn_model.fit(X_train, y_train)
knn_pred = knn_model.predict_proba(x_test)[:91, 1]

knn_auc = roc_auc_score(y_test, knn_pred)
print(knn_auc)
```

실행 결과

```
0.6245069033530573
```

④ 저장

 따라하기

```
# 예측 결과를 데이터프레임으로 생성
df = pd.DataFrame({'Predictions': knn_pred})

# CSV 파일로 저장
df.to_csv('모의고사5.csv', index=False)
```

작업형 3

문제 1

 따라하기

```python
# 각 도시의 대기 오염 수준 데이터
A = data['City_A_Pollution']
B = data['City_B_Pollution']
C = data['City_C_Pollution']

# 전체 데이터 셋의 오염 수준 표본 평균 계산
total_mean = (A.mean() + B.mean() + C.mean()) / 3

# 정수로 계산
result = int(total_mean)

print(result)
```

실행 결과

```
6
```

문제 2

 따라하기

```python
from scipy.stats import kruskal

# 크루스칼-월리스 검정 실행
statistic, p_value = kruskal(A, B, C)

# 검정통계량 출력
result = round(statistic, 4)
print(result)
```

실행 결과

```
278.6307
```

문제 3

따라하기

```
print(p_value)
```

실행 결과

3.134034129539704e-61

문제 4

실행 결과

기각